既読スルー、被害者ポジション、罪悪感で支配

「ずるい攻撃」をする人たち

大鶴和江

青春新書
INTELLIGENCE

●はじめに

・既読スルーをされた
・大事な情報の連絡をしてもらえなかった
・ミスや失敗をしたとき、大きいため息をつかれた
・皮肉や嫌味なのに「冗談です」と笑って誤魔化される
・褒めながら、言葉の端々に小さな嫌味が散りばめられている
・表では笑顔でイエス、裏では悪口を吹聴されていた

そんな経験はありませんか？　または、

「今日はかわいい服だね。いつもと全然違う」

「すごいね、あなたでもできるんだね」

こういったわかりにくい棘のある言葉やコミュニケーションを取る人は周りにいないでしょうか。

これらをされたら、きっと多くの人が、モヤモヤしたりどうしていいのかわからない気持ちになったりするかと思います。たとえ相手に聞き返しても「え？　あなたの勘違いじゃないかな。意地悪のつもりはないし」などと誤魔化されて、反論しづらい状況になり、相手にどう接していいかわからなくて困惑した。そんな経験はないでしょうか。

これらは「受動攻撃（受動的攻撃）行動」（Passive-aggressive behavior）と呼ばれるものです。不満や怒り、否定といった感情を直接的に相手にぶつけず、遠回しで受け身でいながらわかりにくい消極的で否定的な態度や行動を示すことを指します。

シンプルにいえば、受動攻撃は、「目に見えにくくわかりづらい、遠回しな攻撃」で、本書ではこれらを**「ずるい攻撃」**と呼んでいます。

先ほど挙げたもの以外にも、

・相手を困らせるためにワザとミスをする
・ネチネチとした嫌味を言う、意地悪をする
・控えめな言葉や態度でマウントを取ろうとする
・人の行動を邪魔するような皮肉や嫌味な言葉や態度を取る
・「あなたのせい」と被害者を装い罪悪感を与える
・無視する、目線を合わせない、言葉を使わず態度で怒りを表現する
・SNSを使った匿名での嫌がらせ
・物を返さない、納品をワザと先延ばしにして連絡すらもしない

などがあります。

本書では、これら受動攻撃といわれる態度や行動はもちろん、モラハラ、マウント、弱者マウント、親による子どもへの巧みな支配など、一見周りからわかりにくい攻撃を「広義の受動的攻撃」として「ずるい攻撃」と定義します。

なぜ「ずるい攻撃」なのか?

その理由は、一見すると「自分に対しての攻撃」と明確にはいえず、反論も抵抗も難

しいからです。仮に「さっきのあれ何なんですか？」と言っても、「え？　なんかしたっけ？」「気にしすぎじゃない？」など、いくらでもノラリクラリと言い逃れされてしまいます。

言い逃れ可能な範囲の攻撃だからこそ、それを指摘しにくく、指摘すると関係が悪くなりそうで、やられたほうはモヤモヤを感じながらも、何も手を打てないという状態になってしまう傾向にあります。

実際、「ずるい攻撃」を受けたことがあっても、何もしない、何もできないという人が多いのです。

こういった攻撃をする人は非常に多く、された側は一方的に疲れますし、逃げられない環境だと精神的にも追い詰められて抑鬱状態になる人もいます。

そして**最も恐ろしいのは、この「何もできない」「何もしない」ということが、さらなる攻撃を呼び込む行動だと気づいていない**ことなのです。

「ずるい攻撃」を放置してはいけない

「ずるい攻撃」は、攻撃なのかどうかが明確ではないので、反論も反抗もしにくいと先ほど述べましたが、反論も反抗もしないとどうなるでしょう。

攻撃される頻度がますます増えたり、その攻撃内容も増長していく可能性があります。

いじめやパワハラと同じで、ターゲットになると繰り返される傾向にあるのです。


大事なのはまずは「これは攻撃である」と認識することです。

そして、受動攻撃を含む「ずるい攻撃」をする人の心理や攻撃傾向を知り、その対処の仕方を理解することです。


私は心理セラピスト・心理講師として、様々な人の悩みに寄り添ってきました。

実は、多くの方が「ずるい攻撃」に悩んでいます。しかし、まだまだ受動攻撃をはじめとする「ずるい攻撃」は認知されていないため、相談する人もいなければ、相談すべきことなのかさえもわからないという人が少なくありません。

受動攻撃は海外でも問題になっているのですが、日本のほうがより深刻な可能性があります。なぜなら、日本語は英語のようにノーと明確に否定を伝える言葉がなかったり、察する文化があったり、和を大事する文化があったりするため、遠回しな受動攻撃に思い悩む人が多いのではないかと推察しています。

この問題に対して、理解を深め、適切な対処ができるようになる一助として、本書を書くことにしました。

本書を読むことで、あなたの人間関係の悩みが少しでも楽になり、良い方向に向かうきっかけになれば、著者としてこれほど嬉しいことはありません。

大鶴和江

既読スルー、被害者ポジション、罪悪感で支配

「ずるい攻撃」をする人たち

目次

第1章 「ずるい攻撃」に苦しむ人たち

第2章　見えにくくわかりにくい「ずるい攻撃」

第3章　「他人より優位に立とうとする人」の心理

第4章　「支配しようとする人」の心理

第6章 攻撃から自分を守るにはどうすればいいか

第1章

「ずるい攻撃」に苦しむ人たち

人間関係の違和感や不快感はどこからやってくるか？

世の中の多くの人の悩みの大半は「人間関係」です。特に、身近で親しい関係であればあるほどなぜか問題が次々と起きてしまう、そんな経験をした人は多いのではないでしょうか。

友人・家族・親戚・仕事・パートナー・子どもなど、私たちは現実的に他人と関わらずに生きていくことはまずできません。その中でも最も頭を悩ませるのが、「嫌な人とどう関わっていくか」という問題です。

実際にほとんどの人が、過去や現在の嫌な人との関わりからどうやって逃げるか、どうやってやり過ごしたらいいのか、などに非常に頭を痛めていると言っていいでしょう。

もちろん嫌な人と関わらなければ、それがいいに越したことはありません。

しかし、これが会社の上司や同僚であったり、自分の夫や妻であったり、親であったりすると、簡単には断てない関係性だからこそ、悩みも大きく深くなります。
中には、目に見えて不愉快なことをする人もいます。
例えば、攻撃的で暴力的な言葉や相手を威圧したり否定したりというモラハラやパワハラなどはわかりやすい攻撃であり、相手に対して、こちらも防御として対策を取りやすいかもしれません。

しかし、これが一見していい人、優しそうで温厚そうな態度だけど、どこかに違和感を感じる、いつもこの人と関わると疲れてしまう、モヤモヤする、何か不快感が残る……というケースはどうでしょう。ただしそれだけで、現実的には問題は何も起きていません。結局モヤモヤを感じたまま、どうすることもできないということになります。

このような場合はもしかしたら、自分自身が何かの問題や誰かの問題に巻き込まれているかもしれません。

仕組まれていた悪意と怒りの捌け口

このモヤモヤする不快な感覚や違和感は大事な心のサインです。

こんなケースがあります。

清美さん（仮名）は、建築会社に勤める会社員です。

彼女はいつも同僚の女性従業員たちの中で「ある違和感」を抱いていました。


なぜか自分が給湯室に入るとそれまで話していた人たちの会話が止まったり、挨拶もよそよそしかったり、ランチのときも自分以外の女性たちだけで仲良く出かけていきます。

清美さんは「自分はもしかしたら避けられている？」という疑いを持ち始めました。

しかし、自分が何か悪いことをした覚えもなく、なぜこのようなことになっているのかさっぱりわからないまま時が過ぎていきました。そして、ある日、営業マンから「あれ清美さん、今日は女性社員全員で飲み会だったんじゃないの？」と尋ねられたのです。

清美さんは誘われていなかったため、驚きました。

後日わかったことは、ある女性従業員が、清美さんと同じ部署の若手の男性社員を気に入っていたこと。そして、清美さんが彼とよく話し、仲良くしていたことが気に入らず、その女性従業員から嫉妬の目を向けられていたことです。もちろん清美さんには身に覚えがありません。

その従業員の女性は周りの人に清美さんの悪口を吹き込み、男癖の悪い女であるかのように吹聴していました。

やがて、清美さんはいたたまれずに会社を退職してしまいます。

清美さんに嫌がらせをしていた女性はいつも、自分の思い通りにならない相手を精神的に追い込み、退職に至らせるようにして排除してしまうのです。

この女性はなぜ、そこまでして人をおとしめようとするのか。

のちにわかったことですが、その本当の理由は「夫に対する不満」だったのです。

なぜ、夫とは関係のない清美さんをおとしめるのでしょうか。

「人の幸せが許せない」という心理

嫌がらせや意地悪の多くは、それを行う人の外側に原因があるのではなく、心の内側に原因があります。

例えば、愛されたいけど愛されない、認められたいけど認められない、自分だけうまくいかない、欲しいものが得られない、いつまでも幸せになれない……そんな惨めな自分を認めたくない、受け入れたくない、と感じています。

そして、それらの感覚を感じないように蓋をして抑圧するために、かえって自分よりうまくいっている人や幸せそうにしている人に対して、怒りが湧いてくるのです。

「なぜあの人だけが……」
「本当は羨ましい」
「私も欲しい」

そういった気持ちをどこかで否定しているため、「そんな気持ちにさせる相手が悪いのだ」とばかりに攻撃してしまいます。

このような人は、自分の嫉妬心にはなかなか気づくことができません。相手に嫌がらせや意地悪をすることで、自分の醜さや惨めさや腹黒さやずるさを認めなくていいので、心が楽です。

つまり意地悪をして相手の足を引っ張るという行為そのものが、本人にとって癒しになってしまっています。もっと簡単にいえば、スッキリするわけです。

相手の苦しむ姿を見れば見るほど快感ホルモンのドーパミンが放出されるので、意地悪や嫌がらせの中毒状態になっています。いじめによって得られる快感や勝利感で一時的にスッキリするのでこれがやめられません。

先ほどの清美さんに嫌がらせをしていた女性は、夫との関係性が良くないという問題を抱えていました。

夫に嫌われ、口もきいてもらえず、家の中で無視され続けています。

でも夫に見捨てられたくないために、我慢してそれを飲み込んでいい顔をしていますから、かなりのストレスを抱えていたのです。

そんな中、周りの人から人気があり愛されている清美さんを見て、「自分はこんなに不安なのに、この人は幸せそうで、なぜ私をイライラさせるのか」「自分をこんなにも不快にさせるこいつが許せない」と感じているわけです。

しかし、清美さんには何も関係がありません。

これが「他人の幸せが許せない」という感覚です。

このようにして、自分よりも恵まれている人を見ると嫉妬して、「この人を排除したい」「成敗したい」となってしまうわけですが、それは自分の心の中に原因があるのです。

自分の中にある孤独感や寂しさ、劣等感を感じないようにするために、自分の外側に敵を作り出して攻撃しては、ますます自分の闇から目を背けてしまうのです。

SNSの匿名で他人を誹謗中傷する人たち

現代はインターネットなどを介してコミュニケーションを取る時代になりましたが、ネット上での誹謗中傷など、トラブルは後を絶ちません。

近年では、ネット上の誹謗中傷で傷つけられた人が、悩みを抱えて、自分を責めて、最終的には自殺に至ってしまうという不幸なケースも目立ちます。

実際、数年前にプロレスラーの木村花さんの自殺など、痛ましい事件も起きました。攻撃者は「匿名」を使って、安全地帯から相手をいたぶりダメージを与えることで、自分のストレスを解消しています。

匿名の攻撃者であっても「情報開示請求」によって、身元は簡単に特定可能です。しかし、いざ特定されると「そんなつもりじゃなかった」「ちょっと嫌がらせしてやろうという軽い気持ちだった」などと言うことがほとんどです。そして、攻撃者の実態は、日頃は質素に暮らしている主婦だったり、真面目な仕事ぶりの会社員だったりします。

このような人たちがなぜここまで陰湿なのか、と多くの人は疑問に思うことでしょう。彼らの多くは普段は「いい人風」であったり、普通の人で、どちらかといえば、感情表現は控えめで、大人しい感じの人だったりします。

しかし、このような一見「いい人風」の人が、匿名のSNS上で大暴れし、暴言を吐いては他人を誹謗中傷していたりすることが多々あります。

いわゆる「ネット弁慶」といわれるタイプの人々です。彼らは、現実社会では抑制的に振る舞う一方で、そこで抱えたストレスを見ず知らずの人をネット上で叩き解消していることも往々にしてあるわけです。


これがネットの恐ろしいところで、自分の中に隠し持つ怒りや恨みや敵意をぶつける相手として、絶対に自分に反撃してこない人を狙ってターゲットにします。

著名人の多くが苦しんでいる誹謗中傷は、このような不特定多数の顔の見えない「匿名人物」からの攻撃です。


攻撃をする人の多くは周りの人に対して、不安やストレスを強く感じています。

嫌われる恐怖や排除されたり、否定されたり、見下される恐怖を人一倍強く持っていますから、周りから攻撃されないように身を潜めています。

だから抑制的に振る舞い、敵を作らないように、気をつけているわけなのですが、抑圧して我慢している分、周りに対する不満や怒りや敵意や憎しみを強く腹の底に抱きがちです。

その溜まった怒りの矛先は、自分よりも無抵抗な人に向けられるのです。

自分の妻や夫、子ども、同僚、友人など、自分に対して近い親しい人に対して向ける傾向があります。また、先ほどお伝えした、「反論できないＳＮＳ上の人物」に向くことも多いです。

このように無抵抗な人物に向けて、お門違いの怒りをぶつけてストレスを解消しようとする心理を「怒りの置き換え」といったりもします。

置き換えとはまさに誰かに対する怒りを関係のない人にぶつけることによって、自分を守る心の防衛メカニズムの一つです。

自分の不幸は他人や社会や周りのせい

ネット社会といわれる昨今、よく見られるのは、「自分の不幸は他人のせい」とする考え方です。周りのせい、親のせい、家族のせい、会社のせい、上司のせい、社会のせい、と他責的な発言を繰り返す人たちの存在です。

特に「親ガチャ」という言葉がネット上に出現したのは、その象徴的な出来事でしょう。「親ガチャ」とはゲームのガチャガチャのように、親も当たり外れがあるという意味。親がひどい外れくじだったから、自分の人生はこうなってしまったと言わんばかりです。

またネット上では「旦那デスノート」というキーワードも飛び出しました。旦那デスノートとは、夫の悪口を書き込む投稿サイトのこと。そこでは夫に対する大量の罵詈雑言や呪いの言葉が羅列してあり、ゾッとすると同時にあまりに幼稚な発言の数々に呆れてしまうほどです。

私が今こんなに不幸なのはあいつのせい、他人のせい、周りのせい、社会のせい、と言っておくと、自分の本当の問題に触れなくて済みます。

しかし、匿名のネット上で書き込んで憂さ晴らしをしたところで何も解決しません。それどころか、ネットで怒りを燃やしても、現実の夫は変わらないし、辛い現実も変わりません。書き込めば書き込むほどに「無力感」が増すことでしょう。

ここでいう本当の問題とは、自分の依存心や孤独感と幼児的な甘えや欲求不満です。これらの問題に向き合わずに誰かのせいにしておけば、確かに楽ですし、自分自身が自分の人生に対して責任を持たずに済みます。それは人生の主導権を誰かに渡して手放してしまっているという意味にもなります。

しかしどうでしょうか。

「親ガチャ」にしても、旦那デスノートにしても、結果として自分の内面の苦しみや寂しさや絶望や怒りに向き合わず、ネット上で密かに相手を呪い続けても、現実の生活上では何一つ問題は解決しないでしょう。

一瞬は楽になったとしても、憎悪は膨らむばかりで、ネット上で恨みを書けば書くほどに内面の問題は深刻化していくばかりです。


これらを解決したいのであれば、嫌な相手にしがみついている自分に気づいて、

「なぜ、私は死ぬほど嫌いだと思っている夫に執着し続けているのだろう？」

「なぜ、自分の気持ちや心を殺してまで、嫌なことを我慢しているのだろう？」


という自分の心の奥にある気持ちに意識を向けてみることです。

嫌なのにその状況を変える行動を取らないということは、つまり「私は無力であり自分一人では何もできません」という前提になってしまいます。

無力でいることで、相手にしがみついては依存し、相手の支配下にいることを受け入れているのです。

依存者は、依存する相手に執着しながら敵意も抱きます。

相手に依存しているのは自分が相手を思い通りにしたいからであり、それが思い通りにならないので怒りを溜め込むのです。

そうではなく、「私は孤独で悲しい」「私は寂しい」という自分の気持ちを素直に感じて認めて受け入れる必要があります。

外に向けている矢印を自分に向けるのです。

それは「自分を責める」ということではなく、**自分の寂しさや悲しさや怒りや不安や恐怖を自分自身がわかってあげる**ことです。

受け入れ方がわからないとよく質問されますが、口でつぶやいたり、ノートに書いたりするだけでも自分の気持ちが意識化されて、表現することで心の解放が起こります。

パワハラ・モラハラ・いじめが減らない理由

人は自分の中に存在する、怒り、憎しみ、敵意、不満、孤独、絶望感、罪悪感、無価値感、劣等感、空虚感、自己否定感、愛情欠乏感、これらの感情や感覚はできれば感じたくないものです。

あまりにもこれらの感情や感覚から目を背けたいために、感じないように我慢して飲み込んで抑圧し、心の中から排除しようとします。

自分の中の悪は認めたくない、自分は正しい、自分はダメじゃない、自分はもっと素晴らしいはずだ、もっと評価されるべき、でも評価されない悔しい、あいつよりも自分が劣っているなんて認めたくない……そのような歪んだ自尊心や劣等感が引き起こすトラブルがパワハラやモラハラという問題につながります。

パワハラやモラハラは、自分の中にある鬱屈した思い、不満や怒りを、自分より弱い、無抵抗で問題に関係がない人にぶつけて憂さ晴らしをする行為です。

いじめの本質もこれと同じです。

子どもが小学校などで友達をいじめるのにも、親に言えない不満や抑圧された怒りを弱い子をいじめることで解消しているケースが多く見られます。

他者を攻撃することで「得たい感情」があるから誰かをいじめるのです。

自分より強い者に対する恐怖と支配を受け入れ、服従している自分を否認して、自分より弱いものを服従させる。そうすることで、自分の惨めさや劣等感や無価値感を感じなくて済むわけです。

そういう意味では、これらの攻撃をする人がいかに日常で不安やストレスを抱えているのか、病んでいるのか、を想像することができます。

相手が「弱いからいじめる」とはまさに「自分の心の弱さ」を相手に映し出して否定する行為です。

だから、いじめの本質はいじめる側の心の弱さであり、いじめをなくそうとするならば、いじめをやめさせることも大事ですが、いじめる側の人間の心の問題を深く分析し、いじめている本人が自分の心の問題に直面することがより大事になるでしょう。

「目に見える攻撃」と「見えにくくてわかりにくい攻撃」

いじめやパワハラ、モラハラ、虐待などの攻撃行動は目に見えやすいものです。

しかし、問題はこのような目に見える攻撃よりも、より深刻な目に見えにくくわかりにくい「ずるい攻撃」です。

例えばこのような攻撃事例です。

- 仕事を頼んだのに忘れたと言ってスルーされる
- 自分だけ仕事の連絡をしてくれない
- 挨拶しても返してくれないし無視される
- 友人の彼氏に近づいて親密な関係に持ち込む
- 表では笑顔、陰で悪口、足を引っ張ろうと画策する
- 親しい友人との関係性を裏で破壊していく
- SNSで匿名での誹謗中傷をする

- **あなたのためと言いながら罪悪感を抱かせる**
- **丁寧な言葉で優しく否定してくる**
- **心配するふりをしながら見下したり、バカにしたような発言をする**

どれも、目には見えない形で、こちらが抗議しにくいような攻撃です。

これらの見えない攻撃をまともに受け取ってしまうと、受け取ったほうの心は疲れ、だんだん元気がなくなり、ひどい場合は鬱状態になってしまうこともあります。

私はこのような攻撃を受けた人たちを過去にたくさん見てきましたが、例外なく何かされても反撃もできない、抵抗できない優しい人たちでした。

そして、このような人たちをターゲットにして容赦なく追い込んでいくのが、この目に見えにくくわかりにくい「ずるい攻撃」をする人たちです。

人は自分の心を傷つかないように守るために、他人を攻撃して自分を無意識に守ろうとしたり、ストレスを解消して癒そうとしたりするわけです。

そういう意味で、他人を攻撃することがやめられない人たちは、自分の心の中に巣食うブラックな気持ちに意識を向ける必要があります。

自分に起きるよくないことはすべて他人のせい、周りのせい、自己中心的で他責的な考え方や生き方をしている人ほど、この傾向が強いものです。

このような人は「自分が間違っている」という認識はありません。それどころか、密かにほくそ笑んでいたり、困っている姿を見て喜んでいたりします。このように「普通に見えて心を病んでいる人」は社会のありとあらゆる場に存在するのです。

見えない攻撃に苦しみ続ける人たち

パワハラやいじめなどの「目に見えるわかりやすい攻撃」と、間接的な嫌がらせなどの「目には見えないわかりにくい攻撃」では、後者のほうが対処しづらい傾向があり、困っている方も多いのではないでしょうか。

目に見えるわかりやすい攻撃や、法律に反するものに関しては、対処方法がある程度存在します。しかし、見えにくくわかりにくい攻撃は、攻撃かどうかもわからない曖昧な行為、言動が多く、どう対処していいかわからないものも多々あります。

そして、現実的に加害行為に遭っているのにもかかわらず、自分の思い違いではないか、相手に責められたら怖い、自分が飲み込んで黙っているほうがいい、そのようなことをされる自分が何か悪いのかもしれないと罪悪感を抱えたりもします。

また、「波風を立てずにいたらその場が収まり平穏を保てる」という考え方も強いです。私が接する人々の中にも、「自分さえ我慢していたら平穏で安全なんだ」という一時的な平和を保つために、自分の心を殺していく人も多数存在します。

一時的な平穏を保つために自分の心や気持ちを抑えて我慢していると、心が疲弊し、やがて麻痺してしまい、気力も奪われ、心を病んでいくことになるので注意が必要です。

見えにくくわかりにくい「ずるい攻撃」に悩み苦しむ人たちに必要なことは、ずるい攻

撃をする人たちの心理を知ること。そして、攻撃する人たちの言動を俯瞰して客観視できるようになることです。

そして、相手の攻撃に圧倒されてのまれてしまうのではなく、冷静に分析判断して、攻撃から抜け出すための知識を身につけ、対処できるようになりましょう。

詳しくは次の章で解説していきます。

第2章

見えにくくわかりにくい「ずるい攻撃」

悪意のある攻撃、悪意のない攻撃

攻撃には目に見えやすいパワハラやモラハラや虐待などの「直接的な攻撃」と、一見して気づきにくい「間接的な攻撃」とがありますが、どちらかといえば、後者のほうが言葉にならない気持ち悪さや後味の悪さが長引きます。

最初はジワジワと違和感やモヤモヤを抱きます。抗議しようにもできない状況で確認しようのない攻撃が続くと、ストレスとなり、少しずつ心身ともに不調をきたすようになってしまいます。

実は、この「ずるい攻撃」には悪意があるものとないものがあります。
悪意のある攻撃とない攻撃、その見分け方はあるのでしょうか。
悪意のある攻撃のタイプについては次の通りです。

・何回も同じようなことが繰り返される
↓「え、これはもしかして嫌味？」と思わされることが複数回ある

・急に接近し親密になろうとしたがる
↓急に個人的なことを聞いてきて、秘密を探ろうとする場合は別の目的がある

・関わるといつもモヤモヤして後味が悪い
↓間接的にバカにされたりマウントを取られたり、上から目線でかわいそうにと哀れまれたり、罪悪感を抱かせるような言葉を混ぜて嫌な気持ちにさせる

・嘘が多く、発言はその時々で矛盾や綻びがある
↓昨日はこう言ったのに、今日は前言を翻すということが日常的にあるので、まともに受け取ろうとすると混乱する

逆に、悪意のないとおぼしき場合は次の通りです。

・そのこと自体が単発で終わり、繰り返されることがない
・こちらが抗議した場合は即時に謝罪してくる
・相手に聞いても、変な言い訳をしない
・人によって態度を変えない
・言われたことに対しては誠実に対応する
・嘘がなく間違った場合はすぐに訂正する

このような「悪意がないと思われる人」と判断する基準は、まず言葉と行動に矛盾がないという点にあります。

また、このような人の周りにいる人もよく見てみてください。周りにいる人を見ればわかることも多いです。

似た者同士が集まるとはよく言いますが、やはり誠実な人の周りには誠実な人がいます。そこもひとつの判断基準になるでしょう。

「隠された悪意と敵意」は巧妙に偽装される

「悪意を持った見えにくい攻撃」はどのように見極めるのか。これは難しいところです。

特に相手に悪意があるという先入観を持たずに接した場合は、安易に相手の優しさや親しみやすさにのまれてしまい、冷静な判断が難しくなってしまう場合が多々あります。

また、多くの人が「性善説」で人を見ているようですが、そこにも問題があります。

人間関係は信頼が大事だからといって、その人の言うことすべてが正しいとは限らない。にもかかわらず、ちょっと親切にされただけで相手の言うことを疑いもなく信じ込んでしまう人も多いようです。

「あなたのためを思って忠告しておくね。あの人、あなたの悪口を言っていたのよ」

そう言って親しくしている人と仲違いや孤立をさせて、「私だけがあなたの味方だから。私があなたを守ってあげる」などと言う人もいます。

見えにくい攻撃をする人はこのような言動によって、猜疑心で孤立しているターゲットを安心させ、支配していきます。

人は不安なときほど視野が狭くなってしまい、「何かにすがりたい」「より強いものに守ってもらいたい」という思いが強くなります。

ずるい攻撃をする人は、その弱みにつけ込んで、「私だけがあなたの味方だから」というスタンスをとります。そんな優しい言葉に騙されて、その人に心底惚れ込んでしまい、冷静な思考判断ができなくなってしまう人もいます。

そうなるともう完全なる支配と依存の共依存関係が出来上がってしまい、他人がどんなに警告してもその関係から抜け出すことは容易ではありません。

このような支配をする人を「マニピュレーター」といいます。

精神科医の片田珠美先生の著書『他人をコントロールせずにはいられない人』（朝日新書）にも書いてある通り、人間関係を操作して自分の思い通りに支配する人のことです。

彼らは最初から支配しやすいターゲットを見定めて近づき、孤立させては、あたかも自分が救世主であるかのように振る舞い、ターゲットを心酔させていきます。

その様はまさに、心身ともに侵食していくようなもの。ターゲットは相手の悪意に気づくどころか、心底信頼しきってしまいます。周りの人が忠告しても耳を貸すどころか、批判する人たちを遠ざけてしまい、ますますマニピュレーター（支配する側）とターゲット（支配される側）の依存関係が強固になっていくのです。

このマニピュレーターと呼ばれる人は、他人に対する共感などはなく、ただ自分の支配欲や自己愛を満たしたい傾向にあります。

そのために、まずはターゲットに心理的に不安を抱えている人を選び、より不安にさせて、親しい人や仲間から孤立させることから始めるケースが多いです。

私たちの脳は不安や恐怖を感じると、まずはその不安と恐怖を取り除いて安心を得ようとします。そこで「安心できる人物」が目の前に来ただけで、自分の警戒レベルが一気に下がってしまい、相手に対する判断力を失わせてしまいがちです。

これが、悪意を隠して善人のフリをして近づく人間関係操作をする人の特徴です。

騙されないようにするためには、その人が何を言っているかではなく、その人の行動を冷静に判断し、客観視することが大事になります。

陰湿な嫌がらせ「受動攻撃」をする人たち

意地悪や嫌がらせをする人の中には、普段は感情を抑圧して「いい人」を演じている人が多い傾向にあると述べました。

そのような人が見えないところで相手にわからないように、悪意を向けてくることが多々あります。このように表立っては攻撃せずに、見えないようにわからないように嫌がらせをすることは「受動攻撃」と呼ばれています。

「受動攻撃」とは、受け身でいながら攻撃するという意味ですが、表面的には友好的な姿勢をとりつつ、嫌いな相手を陰でおとしめたり、相手の嫌がることを間接的に行うことで、相手の仕事を困らせたり、人間関係を壊そうとしたりする行為です。

そもそものような人は、本当に言いたいことを相手には伝えずに、怒りを嫌がらせや意地悪という形で表現してくるので、受け身でありながらも攻撃的であるという表現になります。相手に嫌われたくないから飲み込んで言いなりになるけれど、その反面相手に敵意を抱いているので間接的に嫌がらせをしてくるのです。

具体的な受動攻撃の代表例としては、次のようなものが挙げられます。

- **伝えたはずなのに伝えられていない　↓「わざと伝えない」**
- **わざと書類を隠す　↓　上司に恥をかかせる**
- **メールを既読していながらスルーする　↓　わざと相手に不快な思いをさせる**
- **頼まれたことをわざと失敗させる　↓　依頼者に恥をかかせる**
- **約束をしたのに守らない**
- **「あなたの考えを受け入れます」と言いながら、その考えを否定してくる**

わかりやすく表現してみると、相手を受け入れているふりをしながら相手を否定したり、間接的に相手を受け入れないという態度や言動を取ったりすることです。

私もそのようなケースを多々経験してきましたが、彼らの厄介なところは直接言いたいことを言わずに、態度や行動で、否定、拒否、拒絶を表してくるところです。

もっとわかりやすい態度でいえば、例えば、

- **無視する**
- **不機嫌な様子を見せる**
- **大きなため息をつく**
- **話をしている最中にあくびをする**

こういった態度も直接相手にぶつけるわけではなく、遠回しに相手を困らせる受動攻撃として知られています。

こういった態度や行為が難しいのは、問いただしにくいところです。仮に、こちらがいくら問いただしたところで、「そんなつもりはありません」で終わってしまいます。

それどころか、「あなたがそのような攻撃的な捉え方をしているからではないのですか」と返されてしまうことだってあります。

ですから、意図的にやったことなのかどうかわからないうちは相手に問いただすこともできません。

このような受動的な攻撃性の高い人に攻撃されると、非常に不愉快なモヤモヤ感がくすぶり続けます。一緒にいるだけで精神的な疲労を感じ、その人に会うだけでげんなりしてくるようになります。

受動攻撃をする人の傾向

このような「受動攻撃」的なコミュニケーションをする人の傾向は私が見てきた限り、次のようなものがあります。

・日頃は口数が少なく丁寧な言葉遣いをする
・おとなしめのいい人タイプ
・喜怒哀楽をあまり表現しない

・人付き合いが表面的で深い付き合いはない
・幼少期の家族関係が良くない（毒親育ち・両親の離婚）
・アルコール依存、買い物依存などの各種依存症の傾向がある

ケースバイケースではありますが、私の今まで見てきた受動攻撃タイプの人で圧倒的に多いのは、幼少期に支配的な親に育てられて、自分を表現したり、自分の欲求や感情を出したりすることを禁止されてきた人です。
なぜなら、親に嫌だなどと言おうものなら、否定や拒絶され、見捨てられて孤立させると脅されてきたからです。だから自分の本音を言ったら、見捨てられ生きていけないという恐怖を無意識に感じてしまうわけです。

その恐怖を避けるために、支配者に服従しながら顔色をうかがう一方、関係のない相手には遠まわしの攻撃をすることで、ある意味本人の心はバランスを保っているともいえます。

嫌いといえない代わりに、嫌いというメッセージを行動で示すこと。
これが受動攻撃の本質ですが、ある意味出せない相手に対する怒りを関係のない相手にぶつけて解消する「怒りの置き換え」という心理でも説明できます。

本人にとってはこれまで抑圧してきた怒りや悲しみ、恨み、憎しみ、敵意などを関係のない相手に使うことで過去の葛藤（かっとう）を解消しています。そうすることで自分の心のバランスを取っています。

しかし、攻撃される相手からすれば何も関係のないわけですから、非常に迷惑です。

受動攻撃をする人への対処

受動攻撃に引っかかって嫌な思いや不愉快な違和感を感じたときにまずやるべきことは、その相手とできるだけ距離を置くこと。そして、本書でお伝えするような知識を得て、相手を俯瞰して眺めることです。

そして**大事なのは、相手の受動攻撃に気づいてもなるべく過剰反応しない**ことです。感情的になって攻撃してくる相手に怒りをぶつけて争ってしまうのは、受動攻撃をする人の思うつぼ。

攻撃する人は、攻撃を受けた人が怒ったり、イライラしたりすることで快感を得ているので、冷静に淡々と話すことが大切になります。

抑圧された怒りは「無抵抗の弱者」へと転嫁される

前章でも述べた通り、ネット上では不特定多数の匿名の人物が、日々何らかの「攻撃」を行っているのを見かけます。明らかな人格攻撃と思われる記述、特に容姿や性別や国籍などをあげつらい、「バカ」「クズ」「死ね」などという言葉を使う人も目立ちます。

私がSNSなどで見かけたのは、ある女性大学教授に対して容姿をネタにした陰湿で中傷的な投稿を繰り返し、粘着している人物でした。しかし同じ業界の男性大学非常勤講師には、なぜか同じ意見を言っているのに誹謗中傷がまったくなされません。

これはどうしたものか、と見ていたら、あることに気がつきました。

それは、その教授が女性であること。かつ、丁寧に言葉を返す人ということ。攻撃する人は、「この人はバカにしても大丈夫だろう」という安心感があるのか、彼女の容姿をけなして明らかに楽しんでいる様子だということです。

見ていて非常に不愉快なのですが、彼らは実名を明かさないからこそ、このような不愉快なコミュニケーションで他人を攻撃してストレス解消をしています。

フェイスブックのように顔と実名を出していたら、おそらくこんなことは言えないでしょう。なぜなら人は攻撃しても自分のことは攻撃されたくないからです。

またあるとき、池袋で九十歳の老人の運転する乗用車に激突され、3歳のお子さんとその母親が亡くなるという痛ましい事件がありました。大々的にニュースで取り上げられたため、その遺族に対して、SNS上で誹謗中傷をする人が現れ、ついには二十代の男性が書類送検されました。侮辱罪と偽計業務妨害罪などに問われた彼は、次のような主張で無罪を訴えました。

「侮辱する意図はなかった」

当然認められることはなく、侮辱罪と偽計業務妨害罪で有罪となりました。

この例もそうですが、ＳＮＳで誹謗中傷する多くの人が「そんなつもりはなかった」という言い訳をします。

私も今までトラブルを起こす人の対処に数多く関わってきましたが、これと同じような言い訳や弁明に終始する人が多いのです。なぜこのようなことをしたのかと聞くと大抵が「そんなつもりはなかった」と言うのです。

そんなつもりでなければ何のつもりでやったのかと聞くと、トラウマのせいにしたり、相手のせいにしたり、環境のせいにしたりするだけ。反省などするそぶりもありません。

この**言い訳をすること自体、自分が傷つかないように守るための防衛反応**です。

普段から自分の置かれている境遇や、会社での待遇、対人関係での不満やストレス、そして社会への不満などを抱えている人物が、無抵抗で反撃してこない人を叩くことで、自分の無力感や劣等感を乗り越えようとする心理です。

ようは誰か関係のない人に置き換えて恨みを晴らすというものであり、ぶつけられる側にとっては非常に迷惑です。

実はこのような心理の裏には強い依存性も隠れています。

本来自分の問題は自分で解決すべきですが、このようなタイプは他人や周りに解決してもらおうとする依存傾向が見られ、どうにもならない自分の現実を自分でなんとかしようとは思いません。だから依存的な人ほど怒りの問題を常に抱え込むのです。

欠乏感、嫉妬、怒り、ストレスは抑圧してもなくならない

人は、本能的に傷つくことやストレスやネガティブなことを避けて、自分を守るために様々な防衛策を無意識に取っています。

例えば、人が一番避けたい感情は「恐怖や不安」ですが、ほかにも怒りや悲しみや劣等感、無力感、孤独感なども避けたいものです。これらの感情は感じることが耐え難い苦痛

であり、感じること自体が耐えられない人は、自分の中にそれらの存在自体をなかったことにして否定します。

これを心理学用語では「否認」といいます。その感情や感覚を絶対に認めずに「私のものではない」と、それらを否定してそれは相手のものだ、他人が悪いのだ、と自分の外側の何かや誰かのせいにして「抑圧」してなかったことにします。

しかし厄介なことに、抑圧して抑え込まれた自分の感情はしまい込まれただけで、なくなったわけではありません。

抑圧したことで消し去ったつもりでも、似たような人や似たような場面において、突然の「投影」が起こり相手に対して大爆発します。

投影とは、精神科医で心理学の巨匠ジークムント・フロイトが提唱した自分の心を守る仕組み（防衛機制）のひとつで、**「受け入れられない自分の感情や不快なもの、あるいは自分の悪い部分などを相手に映し出して、相手が持っていると思い込むこと」**を指します。

例えば、「あなたは間違っている」と非難し裁いたりしがちな人は、実は「自分の嫌な要素を相手の中に見つけている」ことが考えられます。

本当は自分が不安で相手を脅威に感じているのに、相手が自分を怖がらせて攻撃するのだと思い込むようなものです。

これは自己否定している人などに多く見られるパターンです。

人が怖い、人を信用できない、誰かに攻撃されるのではないか、という恐怖を抱いている人は、実は自分のことを否定して忌み嫌っている、というケース。

あるいは、親が子どもを嫌って拒絶している場合によく見られるのが、「この子は自分によく似ていて自尊心が低くてオドオドしているから嫌いだ」といったケース。

これは親自身が強い自己否定を抱えているために、自分の嫌な要素を子どもの中に見て嫌っていたりします。または、自分が相手を嫌っているのに、相手から自分は嫌われていると思い込んでしまうのも、この「投影」という心理状態によるものです。

例えばこんなケースです。

隆さん（仮名）は精密機械メーカーに勤める営業マンです。

女性上司が自分にだけいつもキツく当たり、自分にだけ厳しい言葉を投げつけてきます。ほかの社員と比べて叱責される機会が多いと感じるようになり、だんだん自信を失い、精神的に疲弊していきました。

そしてこの女性上司に対して強い怒りと恨みを感じるようになり、少しずつこの女性上司を避けるようになりました。するとこの女性上司はますます彼に対して厳しい態度を取るようになっていったのです。

隆さんは会社に行くことが嫌になり、適応障害のような状態になって、私のカウンセリングを受けに来られたのです。そこで隆さんの話をよくよく聞いてみると、この女性上司がどうにも最初から苦手であったとのこと。

それをさらに掘り下げていく中で、あることに気づきます。

それは隆さんがその女性上司に対面するときに、毒親だった自分の母親をなぜか想起し、怒りの反応が出てしまうということです。

目の前の女性上司が問題なのではなく、まさに隆さん自身が母親に対する抑圧してきた怒りや憎しみの感情を上司に「投影」していたのです。

そして、カウンセリングを続ける中で、もう一つ気づいたことがありました。

女性上司は隆さんに決して厳しく当たっていたのではなく、隆さんが女性上司を嫌って避けていたために、隆さんが上司から何かを言われるたびに「怒られている」「嫌われている」「人格を否定されている」と勝手に自動変換してしまっていたことです。

実は隆さんは、母親に対する抑圧して封印してきた「怒りと憎しみ」の感情を関係のない上司に「投影」して怒りをぶつけては、過去の心の傷を癒そうとしていたのです。

人の脳は「欠けたものの穴埋めをしようと働く」という機能があります。

特に表現したいのに表現されずに溜め込んだストレスがあると、多くの人はそれを解消したいという本能的な衝動に常に突き動かされてしまうのです。
このように、過去に終わったと思っていた出来事や人物に対しての感情や気持ちは終わっていないことがあります。怒りや悲しみは、そのときその場で表現されずに、抑圧して心の奥深くにしまったまま「なかったこと」にすると、どこか似たような場面や人物に対して噴き出してしまうのです。

抑圧したものは完結させることで反応が消失します。
ストレス反応が起きることもなくなり、精神的にもだんだん落ち着いてきます。
その後、隆さんは女性上司と気軽に雑談も交わすことができるようになりました。

「親密感」が増すほどに敵意が増す？

人の悩みの多くは人間関係ですが、関係性が遠く離れているときはなんでもなかったのに、だんだん関係性が近くなり親しくなってくると同時に違和感を感じたり、相手の欠点が目につくようになったりして、揉め事やトラブルが発生しやすくなります。

それはなぜでしょうか。

これは私自身もよく経験したことですが、親密度が増すほどに「ある心理状態」が起こりやすくなります。それはやはりその親しい人との関わりを通して、過去に抑圧してきた未解決の問題や葛藤が引き起こされやすいためです。

まさに「寝た子を起こす」という状態を表します。

夫婦問題、親子問題、恋愛問題、仕事の人間関係、友人関係など、あらゆる場面でこのような未解決の過去問題がチラチラと頭を出し始めるのが、親密な関係になり始めてからなのです。

例えば、次のようなケースがあります。

会社員のゆかりさん（仮名）は恋愛がどうしてもうまくいきません。

どこからどう見ても端正な顔立ちで性格もよく、周りの社員からの好感度も高い評判のいい女性です。

しかし、恋愛関係だけはうまくいかずに必ず破綻してしまいます。

ゆかりさん自身も、自分は友達も多いし、職場の人間関係も良好なのに、男性関係だけはうまくいかないのはどうしてなのだろう、と悩んでいました。

そこでよくよく話を聞いてみると、あることがわかってきました。

ゆかりさんは幼少時代から、不安の強い過干渉で過保護の母親と支配的で横暴な父親という環境下に育ちました。その結果として、ゆかりさんは父親にいつもなじられバカにされる母親の味方になって慰め役、愚痴の聞き役をしていたのです。

ゆかりさんは不安の強い母親のために、いつも笑顔で明るく母親を気遣う子どもとして振る舞い、父親を敵視して母親の味方になり、家族のバランスを保つ役割を背負っていました。

つまり、子どもらしい欲求や感情は抑圧してしまい込んだまま、大人を喜ばせるいい子を演じることでしか居場所がないと感じていたのです。

子どもは両親が争う姿を見ていると、この家族が崩壊してしまえば自分の安全の保証も居場所もなくなってしまうという恐怖を抱きます。

ゆかりさんはそこで両親の心の安定を図ることこそ自分が生き残る戦略と考え、「本当の自分を殺してでも、母親にとってのいい子を演じる」ことを選択したのです。

そうして「いい子」が大人になって「いい人」になります。

ゆかりさんは男性と遠い関係性のときは良好な関係を築けるのに、親密になると急に相手にしがみつき、束縛し、感情的に振り回し、支配しようとしてしまいます。

ゆかりさんは父親に対する怒りと母親に対する悲しみの両方を男性にぶつけていました。ぶつけることで自分の心の傷を乗り越えようとしたのでしょうが、それは相手には関係のないことですから当然嫌われてしまいます。

このようにして、近くなればなるほどに、抑圧されてきた怒りや悲しみ、憎しみや敵意は、愛を得ようとして噴き出してしまうのですから皮肉なものです。

ゆかりさんが解決すべきは自身の「見捨てられるという不安」や孤独、恐怖の問題であり、これらを解決すると、しがみつく恋愛や人間関係からも楽になれるのです。

仲良しを引き裂くフレネミーとサークルクラッシャー

親しくなればなるほどに、関係性がおかしくなっていく、そんな経験をお持ちの方は多いのではないでしょうか。

どこにでもいる仲良しの仲間やグループの中でやがて不穏な空気になり、お互いが疑心暗鬼になってその仲良しのグループが散り散りになってしまう、そのようなケースの背景には悪意を持ってその仲良しグループを壊そうとする人物の存在がある可能性があります。

例えば、次のようなケースです。

佳代さん（仮名）は大学生です。

大学のサークルに入って、そこで知り合った男女のグループで仲良く活動していました。

ところが、ある日のこと。

その中でも特に仲良しだった女性が急にそっけなくなって、メールを送っても返事がこなくなり、それどころか会っても無視されるようになってしまいました。

佳代さんはまったく身に覚えがないので、とても気になりましたが、周りの人もなんとなく自分を避けているように見えます。

そのうち好意を持っていてお互いに仲良くしていた男性からも、無視されるようになり、とうとう佳代さんはいづらくなってサークルをやめることになります。


ところがその後、信じられない話が耳に入りました。

なんと一番仲良しだった女性が佳代さんの悪口を吹聴していたというのです。

仲良くしていた男子学生に「あいつはヤリマンだから避けたほうがいいよ、それにみんなのことを利用しているし、あなたのこと嫌いだけど仕方なく合わせている」と言っていた、と。そしてなんと、その好意を持っていた男子学生とその悪口を吹聴していた女性が付き合い始めたとのこと。

ショックと怒りで佳代さんは大学を去っていきました。


このような出来事はよく聞きますし、周りでも同じような経験をした人も多いのではないでしょうか。

２０２０年頃、福岡県でママ友たちの間で孤立した女性が、支配的なママ友に洗脳され、我が子を虐待、餓死させてしまうという悲惨な事件もありました。

これも支配的なママ友がグループ間に悪口を言い、ターゲットになった本人を孤立させ、その孤立したターゲットに対して「私だけがあなたの味方よ」と安心させて、金銭を搾取し続けたのです。

このように仲良しのグループの仲を引き裂く人を「サークルクラッシャー」あるいは、「フレネミー」とも呼びますが、言い換えれば「他人の幸せが許せない人」です。

このような人は、自分の欲求不満やストレスや周りへの敵意を表現できない人が多く、表面的には「いい人ポジション」を取り、心配するふりをして他人をおとしめる行為を行います。

だから周りの人はまず気づかないことが多く、しかも本人はいい人ポジションで「被害者」であることをアピールしてくるので、ターゲットにされた人は知らないうちにフレネミーの引き起こすトラブルに巻き込まれてしまいます。

しかし、このような人物は、自分の積み重なってきた幼少期からの敵意や憎しみを隠して、幸せそうな人を邪魔したり、引き摺り下ろしたりして憂さ晴らしをするので、周りからは最終的に孤立してしまうことになります。

このような「他人の幸せが許せない人」のターゲットにならないためには、他人の悪口を手土産にして近づく人物には最初から警戒するということが大切です。

うっかりその悪口に賛同してしまうと、あとで「○○さんも同じようにあなたの悪口を言っていた」という言質を取られてしまう可能性があります。

そもそも人の悪口を手土産に近づく、ということにはなんらかの悪意が隠れています。そのような人物に対しては、警戒して秘密は明かさないよう心掛けることと、想像や他人の言葉ではなく、現実や事実を見て客観的に判断する意識を持つことが大事になります。

「笑顔、穏やかに過ごす」対処法が、関係を悪化させる

怒りを直接表現しない嫌がらせや、巧妙な意地悪や受動的な攻撃などは、わかりにくくて目には見えません。そのため攻撃を受けた側が指摘したり、非難したりすることは難しいものです。

そのような攻撃を受けたときにどうしたらいいのでしょうか。

その対処法として多くの人は次のように考えます。

「笑顔でやり過ごす」

「波風を立てずに、穏便に、平穏を保つこと」

しかしどうでしょう。

現代はパワハラ、モラハラをはじめ、最近ではモンスタークレーマー、カスタマーハラスメント、モンスターペアレンツ、モンスターペイシェントなど、新しい言葉が次々と生

み出されています。

それくらい現代人はストレスの処理ができずに、未解決の自分の葛藤や怒りの矛先を関係のない他人に向けて発散してしまうのです。

特に最近はこのようなハラスメントに対する対策や理解がなされているのに、一向になくなる気配はありません。

なぜなら、「やってはいけないことだ」と禁止されればされるほどにその怒りを抑圧してしまうから。つまり自分の中の怒りやストレスを抑圧して、自分の中にはそのような感情はないという善人でいなければならなくなるのです。

「自分は善人であり正しい」という前提で生きようとすればするほど、心の中で起きる葛藤が大きくなり、自分の中に湧き上がる怒りやストレスはかえって大きくなって処理不能になってしまいます。

なぜなら人は不満や本音を抑え込めば込むほど、その欲求不満やストレスは肥大化してしまうからです。そうやって自分を誤魔化して抑圧すればするほど、溜まったストレスはちょっとした刺激で暴発することになってしまいます。

そして、このようなハラスメントを行う人々というのは、誰にでも迷惑行為や嫌がらせをするわけではありません。

その「ずるい攻撃」の矛先は、必ず自分より弱いものに向かいます。

なぜなら、絶対に反撃してこない立場の弱い人を、無意識に選んでやっているからです。自分の妻や夫、子ども、親、パートナー、親しい友人、同僚や部下、タクシーの運転手、コンビニの店員、スーパーのレジ係、電話オペレーターなど、立場上弱い人に吐き出す傾向にあります。

その被害を受けた人が、相手に逆らって反論したり、対立したり、諭したりすればするほど、相手は激昂し、よりひどい暴言や威嚇行為などになる場合もあります。

そして、被害にあった人が心を病んでしまうようになります。

「心理的なゴミ箱役」を引き受けてはいけない

結局、海外などとは違い日本では「平和至上主義」であり、穏やかに笑顔で返すケースが多いです。

例えば、相手から皮肉やわかりにくい嫌味を言われているのに笑顔を作ったり、マウントを取られているのに何も対処しなかったりといった具合です。

ほかにも、毎日のように特定の店員がいるときだけコンビニにやってきて説教をする老人、企業の電話オペレータに言いがかりをつけて恫喝や脅迫を繰り返すカスタマーハラスメントなどに対しても、明確なノーが言えず、とにかく穏便に済ませようとします。

しかし、それがますます相手の加害行為を引き出す結果になってしまうケースも多いようです。

これらの加害行為をする人々は自分個人の抱えている問題やストレスの捌け口として、無抵抗な相手を選んで吐き出しているのですから、受け取る必要はありません。

相手の「心の問題」を受け入れたり、受け止める側になったりしてはいけないのです。

この他人の愚痴や悪口、相手のストレス解消の受け皿になってしまうことを「心理的なゴミ箱役」と私は名付けています。

言いたいことが言えない人や対人恐怖を抱えている人ほど、この「心理的なゴミ箱役」を引き受けがちです。

一度引き受けてしまうと、相手に対して「心理的なゴミ箱役」を受け入れたというメッセージになってしまい、その後も相手の愚痴の吐き捨て場として利用されてしまいます。

相手のストレスや怒りは相手のものですから、丁寧にお返しするのがベストですが、そのやり方としては、様々な方法があります。

受動攻撃や意地悪をしてくる人への対処法

では、明確な意図を持った悪意のある攻撃的な言葉をぶつけられたり、嫌味や嫌がらせをされたりする場合、どのように対処したらいいのでしょうか。

私がいつもお伝えしているのは、

自分自身が「相手の下」に潜り込まないように注意する

ということです。

受動攻撃をする人、意地悪する人、悪意を明確な意図として持って攻撃してくる人は、無意識的にも意識的にもターゲットを選んでいます。

まずはそのターゲットに選ばれないように意識することが大事になります。

攻撃者がターゲットを選ぶということは、自分自身が相手からの反撃を何よりも恐れている証拠です。自分よりも意志が弱そう、反撃してこないと思われる、見下してバカにできるとみなした人間を無意識に狙ってきます。

そういう**悪意を跳ね返す一番の特効薬は、相手に淡々と冷静に接するという態度**を取ること。相手の悪意を受け取らないという姿勢を見せることなのです。

しかし、対人恐怖が強い「怯える人」はなかなかすぐにはその特効薬が使えません。

だからまずは自分自身がそのような悪意をなぜ受け取ってしまうのか、なぜ支配下に入ってしまうのか、そのような攻撃的な人物を何よりも恐れているのは、何かのトラウマや恐怖の経験や、支配的な親に育てられた経験から出てきたものか、を精査して掘り下げていくことが必要になります。

そうすると原因になるものが必ず見つかります。


私は幼少期にいじめを受けてきたのですが、その自分の経験から考えても、そうです。相手の攻撃をどこかで無意識に避けて、自分の意見や言葉を自分自身が表現せずに、相手にどこかで嫌われることを恐れて屈していたことを思い出します。


嫌われることを恐れて相手にいい顔をすることが、かえって相手の攻撃性を引き出してしまうことも学びました。

相手はあなたを使って自分の不満やストレスを解消しようとしているわけですから、あなたには関係のないものをぶつけられている、と解釈したらいいでしょう。

ですから、相手のいじめや意地悪を受け取らない、ノーと言って断る、自分の立場が弱い場合はより強い立場の人の力を借りる、公に訴える。つまり、いじめや悪意をそのままにしない、という態度が非常に大事なのです。

第3章

「他人より優位に立とうとする人」の心理

「マウンティング」というずるい攻撃

近年「マウンティング」という言葉がよく使われるようになりました。

「マウンティング」とは、元々は動物が縄張り争いなどで、マウント（示威行為）をして群れの中で強いポジションを取り、群れの中のリーダーとしての力や立場を誇示することを指します。

プロレスや総合格闘技でも「マウント（ポジション）を取る」という言葉を使います。相手を倒して上にまたがり自由を奪うポジションに立つことを指します。

そのどちらも対立した相手よりも「優位に立つ」「上位に立つ」という意味です。

それらが転じて一般のコミュニケーションでも「マウント」という言葉が当たり前になりました。

コミュニケーション上で他人に対して、優位に立とう、上位に立とうとして、人間関係で揉め事になったり、SNSで炎上バトルが起こったり、皆さんも一度や二度は見かけたことあるのではないでしょうか。

このマウントも遠回しの攻撃ですから、広い意味での受動攻撃だといえます。

この他人との関係性の中で優位性を保とうとすることは、自分を守る意味でもあり、一概に悪いことと断罪するようなものではありませんが、やっている本人よりも周りが迷惑を被るケースが圧倒的に多く、非常に嫌われます。

例えば、次のようなケースです。

あるメーカー会社員の里美さん（仮名）は、とても仕事ができる優秀な女性です。仕事ができる上に他人の面倒見もとてもよく、周りからは常に認められ、上司からも称賛され評価されている人物でした。

しかし里美さんの後輩に梨花さん（仮名）が入社してきてから状況は一変したのです。

梨花さんは仕事を覚えるのが早く、周りにたちまち一目置かれる存在となり、おまけに容姿端麗で男性社員からも大人気となりました。

梨花さんは出身大学も里美さんと同じで、もはやお局様と化した里美さんから見ると、周りからの注目や評価や称賛が一気に奪われた気持ちになってしまったのかもしれません。

里美さんは梨花さんの前でこんなことをつぶやくようになりました。

「え、それくらいも知らないの、私でも知っているのに」

「まあ私の苦労に比べたらまだまだ楽でいいわよ」

「若いっていいよね。若いってだけで失敗しても免罪符になるしね」

かなりイライラしています。

このように里美さんは、梨花さんに対してことあるごとにケチをつけては「マウント」を取ってきました。その理由は彼女に対する嫉妬・妬み。そして、自分の劣等感を刺激されたことに対する強い怒りです。

しかし、梨花さんには里美さんの劣等感や妬みや怒りはまったく関係がありません。

このようにして、マウントを取りたがる人はどこにでもいますが、マウントを取られる側の人間にとっては迷惑なだけです。

そしてやっている本人は自分の心の問題には気がつかないため、ますます評価や信用が下がり周りから敬遠されてしまうようになります。

マウント癖のある「支配欲の強い人」の心理

このようなマウント癖のある支配的な人の心理について説明します。

彼らはなぜ他人に対してマウントを取りたがるのか。

それは、本当は自分に対して自信がなくて、心の奥底では自分はダメだと思っている可能性があるからです。つまり、深層心理の深いところでは自分のことが好きではない、という自己否定の感覚をどこかに隠し持っていたりするのです。

本当の自分を認めたくない、できないところや弱さやダメなところを否認して、本当の自分を隠したがり、自分は承認され評価されるに値する人物でなければならない、そうでないと恥ずかしいと、プライドが傷つくことを極端に恐れます。

また、そのような自分を誰かに見られて見下されたり、バカにされたりすることを恐れて、「他人を無価値化する」ことで、恐怖と不安から逃げようとするのです。

つまりマウントを取ること自体が不安の表れなのです。

マウント癖のある人の特徴

ではマウント癖のある人の特徴を次にいくつか挙げてみます。

・本当は自分に自信がなく裏では自己否定を抱えている
・常に人よりも価値のある自分でなければならない
・頑張ることがやめられない
・他人にどう見られているのかなど、他者評価や承認に非常に敏感
・少しのミスや失敗に過剰に落ち込む
・他人と自分を常に比較する
・勝ち負けにこだわる

- 人間関係は上下で判断して態度を決めている
- 恥の恐怖を過剰に恐れている
- 本当の自分の弱さやできないところや欠点を認められない
- 間違いに気づいても謝れない

など、これらのいくつかに該当するようであれば、まずは自己否定の問題を掘り下げて、その問題に向き合うことが重要です。

「被害者ポジション」でマウントを取る人

人が過去の身の上話をするときに、その話を遮って自分の不幸話を持ち出す人に出会って困惑した経験はありませんか。

例えば、

「私はあなたよりもひどい目に遭ってきた」

「あなたなんかいいほうよ」
「あなたには家族がいるけど私は離婚してシングルよ」
「小さい頃からいつも私は虐待されてきたサバイバーなのよ」
「あなたなんてまだ旦那がいていいじゃない」

他人の話を遮り奪って、自分の不幸話をとうとうと語り始めます。
周りは困惑して黙って聞くしかありません。

「自分が世界一不幸な被害者」だと言えば、周りを圧倒できて優位に立つことができるわけですから、私のように不幸な者はいない、と訴え続けます。まさに不幸であることを過剰に強調して訴えることから「不幸マウント」と呼んでいます。これは、

「私を一番大事に扱ってほしい」
「誰よりも私に関心を持ってほしい」

という自己中心性の表れでもあります。そして、同時に周りから承認と称賛と愛情を求めている証拠です。つまり寂しさや孤独の問題を抱えていることが考えられます。
これは幼児期に両親に愛してもらえず、欲求や甘えを受け止めてもらった経験が少ないか、無視されてきたか、役に立たなければ認めてもらえなかったという、過去の幼児期の傷つきを乗り越えられていない可能性があります。

「私は不幸だ」とことさらに強く訴える理由には、私を大事にして、愛してほしい、受け入れてほしいという幼児的な満たされない欲求や依存心が影響しているのです。

なぜ不幸なのに、それが自慢になるのでしょうか。
それは、誰よりも不幸でいたら周りに注目される、承認される、黙らせることができる、同情と慰めの言葉をもらえる、などの心理的な利得（メリット）がたくさんあるからです。

このような不幸マウントを取る人は、そういう自分にどこか酔いしれている部分があり、周りからの注目や承認や同情や共感を集めることで、一瞬満たされた気分になるので気持ちが楽になれるわけです。

だからこそ「私はいつも不幸／被害者」というポジションを取ろうとします。

そうすることで、「私は自分の人生に責任を取る必要はありません」ということにしたいのです。こういった依存心や敵意が根底にあることが問題です。

これを解決するには、自分の中の愛情欠乏感や寂しさ、空虚感や孤独感に徹底的に向き合って癒すしかありません。

「かわいそうな母親」という被害者ポジション

よく心理セラピーのセッションの場面でも登場するのが、母子共依存関係（共依存に関しては119ページ参照）において、自立して離れていこうとする娘を引き止める母親です。その母親の使う手が「かわいそうなお母さん」というパターンになります。

これは母親が自分の孤独や恐怖を娘になすりつけて、「お母さん、あなたがいなくなったらどうなるの？　だってお父さんは頼りにならないし、あなたが出ていったらお母さんは生きていけない。あなたはこんな私を見捨てていくの？」と言ったりするのです。

これはある意味「脅し」です。これに娘は困惑して罪悪感を持ってしまい、我慢して母親のそばから離れずに、怒りながらも母親からの依存を受け入れてしまうケースは非常に多いです。これが被害者ポジションの一番わかりやすいパターンでもあります。

「いったい被害者でいることに何のメリットがあるの？」と疑問に思われる方は多いかと思いますが、本当の被害者と「被害者ポジション」というマウントを取ることではまったく意味が変わります。その意味の違いを理解しておくことが大事です。

被害者ポジションとは「被害者」という立場を使って、相手よりも優位に立ち、ときには相手を「加害者」だと非難し支配することが可能になります。

だから被害者は加害者にもなり得るわけです。

最近は犯罪被害者を装っては相手を訴えて精神的な屈辱とショックを与えて、金銭的な利益を得ようとする人物も増えています。このような「被害者コスプレ」といわれるようなケースもありますから、くれぐれもこのような「被害者」を前面に出してくるような人物との関わりは避けるべきでしょう。

常に優越感を抱きたい「自己愛性パーソナリティ障害」

自己中心的で他人の気持ちは顧みない、自分という人間は特別であるという特権意識が強く、俺様・女王様タイプ。あるいは、他人を見下し、残酷な言葉や暴力すらも振るうことを辞さない強い支配欲を持つ人。

このような人物は自己愛性パーソナリティ障害と呼ばれ、最近ではよく耳にするキーワードです。私は「自己愛性パーソナリティ」と呼んでいます。

自己愛性パーソナリティの特徴として、私が見てきた限り次のようなものが見られます。

・**自分は特別に優遇されるべきという意識が強い**
・**周りの人間は利用できるかできないかで判断する**

- うまくいかないのは他人のせい、人の幸せは許せない
- 他者に共感することが苦手
- 俺様・女王様的な尊大で傲慢な態度
- 周りから過剰な称賛を期待しがち
- 嫉妬深くて、他人の幸せを横取りすることもある

など。ほかにも特徴はありますが、一貫して上から目線で傲慢不遜な態度を取るという点では、とても嫌われるのがこの自己愛性パーソナリティです。自己愛性パーソナリティは環境的な要因で性格が自己中心的になるものと、そもそも生まれつき共感性の欠如という要素があるものとがあります。

このような自己愛性パーソナリティタイプの人は、他人の痛みや気持ちに共感することができない、もしくはできにくいという特徴があります。

それゆえに他者よりも自分が上で優れた存在であり、特別な存在であるという勘違いが常態化しやすく、周りとの人間関係においても揉め事が多く見られ、孤独な人生を歩みが

ちになります。
例えば、よく見かけるのは次のようなケースです。

会社員の太志さん（仮名）は上司に悩まされています。
この上司は太志さんのことが気に入らなくて、何かをするごとに辛く当たります。太志さんが顧客先の商談で、自分で判断して決めていいのかどうかわからない場面があり、上司に尋ねてみると「お前はそんなこともわからないのか。自分で考えろ。考えて動くもんだろうが」と叱責します。
そこで太志さんは自分で考えて行動すればいいのかと思い、自分で考えて思った通りの判断で行動したら、上司がこう言いました。

「お前何を自分で勝手に判断しているんだ。上司に断りを入れてお伺いを立ててから決めるもんだろ。勝手にやったらこっちが迷惑なんだよ！」

結局、太志さんはどうしていいのかわからなくなってしまいました。

何を言ってもどうやっても、上司に聞けば「自分で考えろ、そんなこともわからないのか」と叱責され、考えて行動をすれば「何を勝手にやっているんだ。バカじゃないのか」と言われてしまいます。

結局は考えても考えなくてもどちらも「叱責される」ことに変わりはないわけです。これはダブルバインド（二重縛り）といって、何をしても叱責されるばかりで、やがて「自分は何やってもダメなんだ」と自己否定し、鬱状態になるケースもあります。

実際私は、このような自己愛性パーソナリティとおぼしき上司のもとで、部下が鬱になるというケースをたくさん見てきました。

この上司の場合は、相手を自分の意のままに操ることに長けており、そして自分は特別な存在であるという特権意識を持ち、相手を傷つける言葉や否定的な言葉を遠慮なく口にしても罪悪感すらもなかったりします。

むしろ相手が落ち込んだり、悲しんでいたり、うろたえたり、弱っているところを見ると快感や喜びを感じるタイプでした。

このような人物には関わらないことはもちろんなのですが、このような人物からターゲットにされないことも大事なことです。そのためには必要以上にへりくだらないこと、不当な要求には従わない選択をすることも大事です。

支配と依存のコミュニケーション

先にも書きましたが、「旦那デスノート」というキーワードをSNSで見ることがあり、なんのことだろうといろいろ調べてみると、実に恐ろしい夫に対する恨み・つらみが書き綴ってあり、ゾッとしたことがあります。

なかには、毒性のある物質を少しずつ料理に混ぜ続けて、体調を壊していく夫の様子を喜んでいたり、「ついに夫が死んだ、ばんざーい」などと冗談なのか本当なのかわからない、事実だったら立派な犯罪になることが堂々と書かれていたりします。

その憎しみや怒りをなぜ生産的なエネルギーに使えないのかと疑問に思います。

では、彼女たちはなぜそんなに夫が嫌いなのか、なぜ別れないのか、嫌いだったら離れたらいいのに、と思うでしょう。

しかし、別れる気持ちがないから恨んでいるのです。彼女たちは普段、いい妻やいい母親を演じているかもしれません。表立って文句も言わないけれども、夫からの否定的な言葉や行動は飲み込んで我慢して服従している状態を続けている人もいるでしょう。

人は本当に感じていることを我慢して抑圧しているからこそ、その憎しみや怒りは出どころを失って溜め込まれ、相手を呪うことで消化しようとします。

なぜなら、怒りを口に出し、離婚されてしまうのは不都合だからです。そのため自分の気持ちを溜め込んでは怒りと敵意と憎しみを増幅させていたりします。

依存心と敵意は必ずセットになって機能します。

そんなにも嫌いな夫と別れられないなんらかの理由（心理的・経済的利得）は妻自身の中に必ず存在します。

例えば、夫が高収入で経済的自由が手に入る、自分は働きたくないので不満を抱きながらも我慢して従っている、離婚は世間体が悪く恥ずかしいし、プライドが傷つく、孤独になるのも怖い、だから離婚という選択肢を持たずに、敵意や恨みを溜め込み続けるわけです。

このような人は幼少期から親にコントロールされてきた可能性があります。自分のことは聞いてもらえない、親にわかってもらえなかった、あるいは親の支配を受け入れて服従していた、親から都合のいいときだけ利用されていた、などの過去を持つ人が多く、欲求不満やストレスを未消化のまま抱き続けてきたのかもしれません。

夫を支配者に仕立て上げて、自分はそこに依存しながらも服従していたら、ある意味それが過去の親とのコミュニケーション方法であり、つながり方でもあります。

支配され、それに依存することに慣れてしまうと、支配する人を求めるケースもあります。そういう人は、支配的な人に心が惹かれます。そして、付き合って結婚まで至るけれども、結局過去の親に対する恨みを相手に投影するのです。

ただ、自ら支配されながら、相手を呪うことで晴れない怒りを消化しようとしても、それは本当に恨んでいる相手ではないので、解決はできません。

人は目の前の人を使って、過去の怒りや憎しみや葛藤を解決しようとしてしまうのですが、その相手を間違っていたりします。

過去の感情の発露が過去の親に対するものである場合は特に、目の前の人に投影されやすくなります。それをぶつけて解消しようとすればするほど、苦しみはますます増幅されていくことになります。

幼児性の強い「かまってちゃん」の心理と特徴

以前「かまってちゃんの心理」という動画を制作したところ、かなりの反響がありました。

「かまってちゃん」とは幼児的な甘えと要求を満たそうと、無理な要求を繰り返したり、特定の相手を困らせたりする言動を取る人のことです。

自分の要求が思い通りにならない、相手が自分の要求に応えない場合は、かんしゃくを起こし、騒ぎたてたり問題を起こしたりします。あるいは、自慢話をして周りからの関心や注目を浴びようとするなどします。

ある精神科医いわく、「かまってちゃん」は病気ではなく「状態」であり、誰でもそういう状態になる可能性がある、とのこと。私もその通りだと思います。

「かまってちゃん」とは一種の依存症のような状態であり、自分に注目と関心を寄せてもらうことで、相手を自分の思い通りにしたいという感覚でもあります。

その心理としては、「幼児期の甘え」を大人になっても周りに要求しているようなものです。

幼児は自分の願いや欲求をかなえるためには、親の関心と注目を自分に向けさせなければいけません。「思い通りにならないとかんしゃくを起こす」という状態も、幼児期の名残といえます。

2013年頃、ある県議会議員の男性が政務活動費の不透明な支出で問題になり、説明会見で追及されました。そのときに号泣する姿が話題になりましたが、この人も「かまってちゃん」の特徴が見られました。

「かまってちゃん」の特徴とは、自信がなくて寂しい、承認欲求が強い、自慢ばかりする、話を盛り過ぎ、SNS依存、自己愛が強い、わがままで自分のことしか考えられない、などです。

「かまってちゃん」は、幼児期に甘えの欲求を親に受け止めてもらえなかった可能性が高く、その影響で大人になっても大人になりきれない、幼稚なパーソナリティになってしまったと考えられます。

大人だと思って接していると大抵の人は困惑してしまうのです。

幼児期の名残から、親を自分の思い通りにしたいという支配欲は、大人になっても周りに対しても現れます。これは幼児的な欲求の表れだと認識すれば周りは振り回されずに済むでしょう。

肝心なことは、本人の行動や言葉や振る舞いに責任を取らせることであり、大人の扱いをしてあげることです。

実際に私が関わったケースでは、職場にいる「かまってちゃん」への対策を具体的にアドバイスしました。すると、その問題行動が治ってきたという報告を受けました。

関わり方としては、排除し拒絶するのではなく、「大人として接すること」です。
そして大人としての適切な距離を保つことも大事かと思われます。

闘いの人生を生きる人たち

他人に対してやたらマウントを取って優位に立ちたがる人、被害者ポジションで人を圧倒する人、俺様・女王様タイプの自己愛性パーソナリティ障害タイプの人、幼児性を使って相手をコントロールしようとする人などについて説明してきました。

どのタイプも他人との関係において、相手のことを思いやる姿勢や共感性に欠けており、支配的で自己中心性がよく見られます。

彼らの多くは自分以外の人間に対する寛容な気持ちはありません。それどころか、社会は自分にとって「敵だらけ」だと認識している場合も多くあります。

その理由は**自分の中にある「恐怖や不安」に触れられるのを極端に恐れている**ためです。

ある人は自己否定を隠しているために、そもそも自分はそのままではダメだ、価値のある人間だと思えていないので、本当の自分を知られることが怖くていつも不安なのです。

あるいは、そのままの自分では愛されないから、称賛されようとして虚言や不正に走ってしまったり、周りをバカにして見下してみたり、不安から逃れるために、攻撃的で強い言葉や態度で他人を圧倒してみたり、被害者ポジションに入って周りを黙らせたりします。

それらの行動も根底には寂しさや孤独の恐怖、自己否定や自己価値の低さがあります。

これらを否認して受け入れないために、周りに敵意を抱いて攻撃するという心理になるのです。

「周りは自分の自尊心を脅かす存在である」と誤認識しているために、不信感や憎しみや敵意でしか人との関わり方を知りません。

最近ではこのような心理は「敵意帰属バイアス」と呼ぶこともあります。

自分が傷つかないように守るために、周りを敵認定しておくのです。これは脳が防衛で誤作動を起こしているため、味方であるはずの人物さえ敵視して排除してしまおうとするものです。

強い態度や言葉は弱さの表れとみていいでしょう。

そういう場合は相手をこちらがどのように受け入れ優しく接しようが、関係なく攻撃してきます。

例えば、ただ挨拶をしただけなのに、「お前ガン飛ばしてきたな」とか、「あなた本当は私のことをバカにしてるでしょ」と敵視して攻撃してくるパターンも同様です。

彼らの心の中は「いつも周りは敵だらけ」と誤認識していますから、こちらがどのように関係改善のために努力しようが話し合いを試みようが徒労に終わることになります。

その本質は、自分の弱さを隠して傷つかないように身につけてきた「生きるための戦略」です。このような闘いモードで生きる人は、心休まる日がありません。そのため人間関係での揉め事が多く、結果孤独な生き方になってしまいます。

「他人より優位に立ちたがる人」への対処法

さて、ここまで様々な「他人に対してマウントを取り優位に立とうとする人」についてお話ししてきました。


ではこのような人に出会ったらどうしたらいいのか。

まずは相手を冷静に客観視して観察してみることが大事です。


そのためには、少し距離を置いた関係性であることが望ましいでしょう。

私がよく相談を受けるのは「自分に対してマウントを取ったり、愚痴や他人の悪口を常に自分に対して吐き捨てられたりするのが耐えられない、どうしたらいいものか」というケースです。

この場合は、嫌なことをする相手を本人が受け入れているのではないかと考えます。

そもそも、そのような人物に近寄られて不快なことをされても、断らずに受け入れてしまうとその後もずっとその人から不快な扱いを受け続けることになります。
「私はあなたの心のゴミを受け入れます」というメッセージになっているのかもしれません。

また、**マウントを取る人や自己愛性の強い傲慢不遜な人物に対しては、闘うよりもスルーすることが大事**です。

私も以前ある講演会で隣り合わせに座った女性経営者の自慢話をずっと聞かされて辟易していましたが、私はあることをしました。

それは**頷いたり、相槌を打つことを控える**ことです。

目線もあちこちを見たり遠くを見たり、何かが気になるそぶりをしたり、反応を薄くしました。すると、彼女は私に近寄ることはなくなっていったのです。

このスキルは「ラポール切り」と呼ばれるテクニックで、あからさまな拒絶ではなく、その人と適切な距離を取ることができます。縁を切りたい人には効果大です。

　または、このような人とどうしても関わりを切れないという方は、自分の両親のどちらかに似た要素をその人に投影しているため、心が凍結し麻痺してしまっているのかもしれません。

　その場合は、その人に関わることで自分という存在を感じられているのかもしれませんので、嫌な人と関わること自体が心理的な利得（メリット）となっている場合が考えられます。

　そのようなケースでは、いきなりご縁を切ると恐怖が強くなってしまうので、慎重にその恐怖の根源である、両親とのトラウマを解決することを優先させましょう。

第4章
「支配しようとする人」の心理

無意識の洗脳者たち

近年「ガスライティング」というキーワードを聞くことがあります。

これは心理的虐待を表す言葉で、1940年代の映画『ガス燈』（原題：Gaslight）で夫が妻を精神的にじわじわと追い詰めて精神を崩壊させていくシーンからきています。

「お前はダメだ」「なんでできないんだ」「無能め」「なんで生きているんだ」などという言葉を吐き捨てられ、それが毎日続くと、抵抗する気力すらも失い、その否定を受け入れてしまうようになります。

このような状態を日本ではモラルハラスメント（モラハラ）といいますが、ガスライティングはモラハラに加えて、相手を精神的に追い詰めるだけではなく、相手を支配下に置くことで自分の支配欲を充足させるという悪質なものです。

そうして、「自分はダメな人間なんだ」「だからダメな人間として生きていこう」「正しい人に服従していけばいいんだ、そうじゃないと自分は生きていけない」と徐々に感じるようになります。

こうなると正常な思考判断ができず、逃げようとしても逃げられずに、「服従するしか道はない」と感じてしまうのです。

このある意味「無意識の洗脳状態」にある人は、まさか自分が相手の思い通りの支配を受け入れてしまっているとは思いません。

違和感も感じないし、相手に自分の人生を支配されても、それが当たり前であるかのように受け取ってしまい、支配者の命令には違法行為ですらも受け入れてそれが正しいことであると思い込んでしまうのです。

幼児期に親からされた否定的な価値観や言動、思考方法や人との関わり方は「悪い意味での刷り込み」に該当します。

お前はダメだ、何をやってもグズ、価値がない、お前の顔は不細工だ、なんで生まれてきたんだ、あなたが生まれたからお母さんは不幸、などの否定的な言葉を毎日のように言われ続けると、それを言われることに抵抗を失い、自分の存在を否定的にしか捉えることができなくなって、精神を病んでしまいます。
これはある意味**「呪い」**に相当します。

まさにこれがガスライティングです。

このように幼少期からずっと呪いをかけられてきた人は、大人になってもずっと自己否定や自己卑下、劣等感や無価値感を抱えて苦しみ続け、孤独なままで人とつながることができません。

幼少期の頭の柔らかい子どもも時代に圧倒的な力を持つ親に生殺与奪権を握られたら、子どもはたとえ事実は間違っていたとしても、受け入れざるを得ません。

そういう意味でも、不幸なことに否定的な養育態度を取る親に支配されてきた子どもが自分のことを大切に思う能力など身につけられるわけがないのです。

ただ服従して相手の支配を受け入れて、自分を殺すことが「最悪の事態を避けるためのサバイバルスキル」となってしまうでしょう。

「不安が強い人」ほど洗脳されやすい理由

人は不安や恐怖を抱いているときは、それを解消しようとすることに多大な脳のエネルギーを消費します。

例えば、大きなトラウマを抱えている人に、
「将来、あなたはどんな幸せな人生を歩んでいきたいですか？」
と質問をしてみると、多くの人が次のように答えます。
「そんなことは考えたこともありません。人や世の中がずっと怖くて、死にたいと思っているのに、どうやって未来を幸せに生きようなんて考えられますか」

その通りです。不安や恐怖が強い人ほど、今現在の「目の前の恐怖や不安をどう解消するか」にしか意識は向かないのです。

例えば、今目の前に虎がいて牙を剝いて飛びかかってきそうなとき、未来は考えられま

せんよね。人は今感じている恐怖をまず解消しようと意識やエネルギーを集中するのです。

だから大きなトラウマを抱えている人ほど、無意識に恐怖や不安を避けるためだけにエネルギーを集中させて生きているため、精神的にいつも不安定で常に疲れやすい状態が続いてしまいます。


しかし、そこに「あなたのストレスや不安や恐怖を解消して安心・安全を与えます」と言う人物が現れたらどうなるでしょうか。

最初は疑っていたとしても、何度も繰り返し肯定的な言葉をかけられたり、優しくされたりするうちに、一気にその人を信用してのめり込むようになります。

そして、それが続くとその相手の言うことをなんでも聞いてしまったり、お金の無心をされても、ひどいことをされても受け入れてしまうようになります。

このように悪意を隠して人を心理的に操作して、自分にとって都合のいいように相手を思い通りにする人たちが、先にも紹介した「マニピュレーター（支配する人）」です。


これらの心理操作は、様々な人が引っかかります。

実はオレオレ詐欺などで「疑い深い人ほど引っかかりやすい」とよく言われるのはこの不安を逆手に取られてしまうからですね。警戒心が強く潜在的に恐怖と不安を抱いているので、逆に安心感を与えたら一気に信じ込んでしまうのです。

同様に、投資詐欺に騙されて自殺してしまった女子大生もいましたが、現代社会では将来に不安を抱えた若者は社会での免疫もないため騙されやすいといえます。

加えて、騙されやすいタイプの人は何度もこれらに引っかかる可能性があります。というのも、いろんなパターンで利用されたり、搾取されたりした経験のある人は、人を信用できない疑心暗鬼になっている人が多く、その不安の心理を乗っ取られてさらに騙されてしまうということにもなりやすいわけです。

だから、そういう人こそ不安から焦って目の前の安心に飛びつくのではなく、冷静に客観視できる視点を持つことが大事といえます。

不安な女性を騙して支配するコンサルタント

これは十数年前に私の身の回りで起きた事例です。

あるビジネスコンサルタントの男性が女性起業塾を開き、そこに集まる女性たちが彼のつく巧妙なウソに気づかないまま、たくさんのお金を投資して、彼は結局借りていた事務所の家賃を踏み倒して逃亡した事件がありました。

彼の口癖は「すべてはお客様の満足のために」です。

しかし、彼のやっていたことは、女性起業塾にきた不安や孤独の問題を抱えた女性の心理につけ込んでは、都合のいいように彼女たちを支配することでした。

まさに「お客様の満足のため」ではなく、「自分の満足のため」でした。

彼は身長が高くて堂々としたそぶりで女性たちの心を鷲掴みにしていき、「君たちのためを思ってやっているんだよ」と言いながら、他人の顧客を盗もうとしたり、他人のビジネスを乗っ取ろうとしたり、コンサルタントとは名ばかりでした。

それに気づかず最後まで心酔しきっていた女性たちは時間と高額なお金だけをむしり取られて終わったのです。

私はこのコンサルタントの事件で、なぜこの女性たちがこの男性のウソに気づけないのか、と疑問に思いましたが、彼は巧妙に悪意を善意にすり替えていたのです。

「すべてはお客様の満足のために」
「あなたの幸せのために」

このように、相手への支配という悪意を隠して心地よい言葉を並べ、否定しづらい状況を作り出して、相手を信頼させるように仕向けます。

この支配テクニックは家族間でも使われることがあります。

親が子どもに対して使う言葉に、「あなたのために」「あなたのためによかれと思って」などがあります。これらの言葉の裏には、相手に罪悪感を抱かせることで、自分の思い通りにしたいという別の思いが存在する場合もあります。

確かにそう言われると「否定」や「抵抗」は起きづらいものです。しかしこれは善意を枕詞にした「だからあなたはそうしなければならない」という命令に相当するのです。

そして、先ほど述べたコンサルタントの言葉の数々に心酔している女性たちには、非常によく似た環境や心理状況が見られました。彼女たちのほとんどが家族問題を抱えていたのです。

夫婦問題や離婚問題、夫の暴力や金銭問題、子どもが不登校や引きこもり、夫が働かない、本人自身も子どもを虐待するなど、各人が何かしらの家族間の問題を抱えていました。

彼女たちに共通するキーワードは「不安」と「恐怖」です。

人の脳は不安や恐怖を感じていると、それらを回避するためにエネルギーを使います。

つまり、不安と恐怖に支配されている場合、脳は「こうなりたい、こうしたい」よりも、とにかく現状抱えている不安と恐怖を避けることにしか意識がいかなくなるのです。

一見すると、「なぜ、こんなにも簡単に騙されるのだろう」と思うかもしれませんが、日常ずっと不安や恐怖にさらされている人は、視野狭窄（きょうさく）となっており、不安や恐怖から逃れることが最優先となります。

そんな中、「君たちのために」という優しい言葉を使って優しく接してこられたら、たちまち詐欺師が救世主のように見えてしまうのです。不安な人ほど一旦安心を感じた相手のことは、とことん信じ込みやすくなってしまいます。

彼女たちはまさに先行きの不透明な暗い未来に怯え、嫌な夫や現実から逃れるためには、経済的に自立しなければいけない、経済的に自立ができるようになれば安心して離婚ができる、嫌なことから逃げられる、だから起業すればすべてが解決して安心だと信じ込んでいました。

この支配的なコンサルタントにやすやすと騙されてしまったのは、まさに不安と恐怖で視野が狭くなっていた心のスキマに、スッと優しくタッチされ、安心した気分になったからなのかもしれません。

そして、この後日談ですが、この男性コンサルタントに高額なセミナー代やコンサルティング料金を支払った女性たちの中には、起業を成功させた人はいまだに一人もいません。

不安なときほど視野は狭くなります。そのときに注意するのは、目先の安心ではなく、しっかりと足元を見る、つまり現実を確かめることです。

「お世話」という名の支配

また別の「支配」についても見ていきましょう。

世の中には何かと過剰に人のお世話をしたがる人がいます。いつもどこかで何か困っていそうな人に手を差し伸べようとしたり、何かと先回りして人が求めていることをパパッとやってくれたりする人です。

もちろん、助かることもあり、ありがたい面もありますが、相手のニーズには耳を貸そうとしない一方的な親切の押し売りは相手を不快にさせることもあります。

いわゆるお世話好きの人、気が利く人の中には、それが本当の好意や善意のものもあります。しかし、お世話が過剰な場合はこんな意識が潜んでいたりもします。

「役に立つことで承認や称賛を得ることができる」
「役に立つことで自分が有能感を感じていられる」
「役に立つことで自分が必要とされていると思える」

特に相手が求めてもいないし、依頼してもいないことを、先回りしてやってしまう人に多い傾向があります。

それは本当の意味での「相手のため」ではなく、相手にしてあげることで「自分の承認欲求や自尊心を満たしたい」ということになるので、結局は「自分のため」ということになってしまいます。

特に、これが過剰なお世話であったり、お世話をすることで「相手を思い通りにしたい」という思いが潜んでいたりする場合は問題になります。

数年前にある女性が私を初めての観光地に案内してくれたことがありました。とても気持ちよく接していただいたのですが、夕方になり私はとても疲れていたので早くホテルに戻ることにしました。

その女性は、チケットの買い方から案内、食事について、お店での座る位置や料理について、ホテルへの道まで何から何まで全部に手や口を出す方でした。

その強引さには辟易してしまったというのが正直な気持ちです。

そのうち私は「もういいや。この人の言うままにしておこう」となってしまい、気力も楽しさもなくなってしまっていたのです。

そうか、私は「何もできない人」「何も知らない人」という枠の中に嵌め込まれて、無価値化、無力化されたように感じていたのだと気づきました。

これが毎日続いたらきっと何もしなくなるし、何もできず無力でされるがままになっていたかもしれないと思うと、ゾッとします。

これによく似たような状況が、家庭内で起きているとしたらどうでしょうか。


「あなたには私の助けが必要でしょ」

「できないことは私がやってあげる」

「ほらほら、やっぱり。だから私に任せて」

「ここは私がやっておくから」

これをずっと子どもに対してやり続けてしまうとどうなるでしょうか。

考えなくても親がやってくれる、判断しなくても親が決めてくれる、自分が選んでもダメだから親に選んでもらえばいいと諦めて、無力な自分でいれば波風も立たないから、自分の人生に対して投げやりになってしまうかもしれません。

やがて子ども自身がそのような親の支配を飲み込んで、自分の存在を消して従っていれば、親も喜ぶし自分もそのほうが安全で楽だと感じるようになってしまうのですが、これはとても恐ろしいことです。


親自身は過剰なお世話をすることによって、自分の不安を解消し自分の満足感や自分の欠乏感を充足しているといえるでしょう。

しかし子どもはどうでしょうか。

子ども自身がやがて、自分の欲求や感情を出すと親をがっかりさせると学習したり、あるいは反対されて抑えつけられれば、「自分を生きることは無意味なのだ」と学習する可能性があります。

これでは子どもが「自分を生きられない大人」になってしまうのは当然です。

「お世話という名の支配」は相手の都合も考えずに、「あなたはこれが必要でしょう」とばかりに押し付けてきたり、「あなたは大変でしょ、だから私が助けてあげる」という前提が隠れていたりします。

「親切」はとても良いことですが、背後にエゴが絡んだ「お世話」は親切とは別のものになります。

親切にされたら、「お世話」ではないのかと考えましょう。また、自分が誰かに何かをしようとしたときは、

・それをすることで得られているものは何か
・本当にしたいことなのか
・その人にしてあげることで相手に反応を期待しているのか

など、今一度立ち止まって考えてみてください。

お世話をしすぎてしまう人などは、これらの質問を自分自身に投げかけてみることをお勧めします。

「共依存」境界線を超えて相手に侵入する人たち

「お世話という名の支配」に関連するのが「共依存」です。

共依存とはお互いがお互いに離れたくても離れられない、支配と依存をお互いがお互いに繰り返すというものです。

そして、この共依存関係も「依存と支配」の関係性を持っています。

かつて、信田さよ子先生の著書『母が重くてたまらない』（春秋社）、『愛情という名の支配』（新潮社）が話題になりました。母子癒着を描いた描写がとてもリアルな書籍で、これらの本で書かれている母子関係こそが、まさに支配と依存をお互いに繰り返す共依存関係でした。


例えば、母親が娘を完全支配するパターンによく見られるのが、子どもをなんでも監視し、事細かに行動に口を出し、自分の不安や愚痴を聞かせては、娘を不安にさせて離れないようにコントロールするといったものです。

娘は不安定な母親を支えようとして、自分の意思や自分の欲求よりも、母親の気持ちを優先するばかりに、自分の生き方がわからなくなってしまいます。やがて娘も常に不安を抱えて母親に依存し、母親の支配を受け入れることで安心を得ようとしてしまうのです。

このように、お互いに不安と恐怖を抱きながら離れたくても離れられない関係性が出来上がります。

このようなケースは、母親と父親が不仲だったりあるいは離婚して片親だったりするときによく起こりがちです。

なぜなら、不安を抱えた母親（あるいは父親）は、子どもを自分の慰め役にすることで、自分の思い通りに動いてほしいという欲求をかなえられる、孤独から逃れられる、子どもを従順にさせることができる、自分の問題に向き合わずに済む……などのメリットがあるからです。

そうなると子どもはもう自分の人生を生きることができなくなってしまいます。

親との癒着関係が当たり前になりすぎて、一緒にいることに苦しみながらも離れられない関係性になってしまうのです。しかもそれは、どちらかが支配しているという一方的な関係ではなく、どちらも支配しているという関係になります。

共依存とはお互いがお互いに対して支配と依存を繰り返して縛りつけることです。そのため、親が子に依存したり支配したり、子が親に依存したり支配したり、と役割を交代しながらも強固に結びついて離れられなくなってしまうのです。

私のところに相談に来られる方は、共依存関係の方がとても多く、性別にかかわらず母親だけではなく、父親にも支配されている方もとても多いです。

「支配される」というと被害者と加害者に分けられるように感じると思いますが、支配と服従、あるいは、支配と依存という関係性は、どちらにも心理的な利得（メリット）があります。

・どちらも相手を思い通りにできる
・金銭的な利得
・しがみついていたら孤独ではない

・怒りと恨みを相手にぶつけて処理できる
・不安を避けられて安心安全でいられる
・甘えていられる
・自分に責任を取らなくてもいい

このようにお互いにメリットがあり、そのメリットが大きければ大きいほど、お互い離れたくても、離れることに恐怖を抱いてしまうわけです。

共依存とはもっと深く掘り下げると、お互いが無意識に抱く「不安と恐怖」に対して、相手を使って解決しようとしている、と言えます。

結局、どちらも一人になるのが怖いのです。

しかし、共依存の解決は「誰かにしがみつくこと」ではありません。

むしろ、しがみつくからこそ逆に恐怖感が増してくるわけですから、恐怖感を抱く「本当の理由」をまずは掘り下げて明らかにすることのほうが大事になってきます。

共依存は、お互いがお互いを縛って不幸な人生を送ることになり、恨みと怒りにまみれた不幸な人生となりがちです。

共依存から抜け出すためには、どちらかが気がついて依存関係から抜け出すことです。どちらかがやめると共依存関係は成立できなくなってしまうのですから。

最終的に共依存を終わらせるためには、まずは離れて距離を置くことです。

物理的に距離が置けると、一時的には心理的にも一定の距離が取れ、お互いが楽になれます。

また離れたからといって孤独になるわけではなく、不安からの依存で視野が狭くなってしがみついていたことに気がつくと、お互いにとって程よい距離感が生まれることにもなります。

ただ、物理的な距離を置くと、不安感が増すこともあります。やはり物理的な距離を取ると同時に、心理的な問題解決にも取り組む必要があるでしょう。そのためにはまず、自分の不安と孤独の恐怖を和らげることが先決になります。

子どもの自尊心を傷つける「禁止令」

幼少期から親子間で、支配と依存関係にどっぷり浸かってしまった場合は、様々な呪いに相当する「禁止令」が脳を支配しています。

禁止令には様々なものがありますが、例えばこんなものがあります。

- 私から離れるな、離れたら孤独になるぞ
- 私に逆らうな、言うことを聞け、聞かぬなら見捨てるぞ
- 親の許可なく自分の頭で勝手に考え、行動するな
- お前はできない子で、無力なままでいなさい
- 自分の感情や欲求を表現してはいけない
- お前の感じたいように感情や感覚を感じてはいけない
- 親の期待に応えて喜ばせ続けよ
- 親の気持ちを優先して察しなさい

・頑張っていい成績を取り、いい子であれ、そうでなければ居場所はないぞ
・失敗するな、成功し続けよ

など、幼児期に出された呪いに相当する禁止令や命令を鵜呑みにして、反抗期もないまま飲み込んで大人に成長してしまった場合は、この呪いの「禁止令」に苦しみ続けます。

実際にあったケースで見ていきましょう。
ある男性は、「お前は私の指示がないと間違えるダメなやつだ」という親からの呪いを受け取っていました。
当然本人は自分で頑張っているつもりでも、大事な場面になると、ことあるごとに投げ出してしまいます。当然、何事も達成できないわけですが、同時に失敗もしないので、ほっとしている感覚もあると言います。

その原因として考えられるのは、彼の父親があまりにも自尊心が低く劣等感が強いため、息子が少しでもいい成績やスポーツで結果を出すとそのたびに否定してくることです。

「お前そんなことぐらいで俺の前で自慢するな。大したことないじゃないか。俺なんかもっとすごかったんだぞ」などと子どものできたことは褒めずに、自分の自慢でマウントを取り、子どもを否定し、失敗したときは「ほーらみろ」とあざ笑います。

やがて彼は大人になると、「自分はできてもどうせ潰されるし、できたら否定して罵倒される、そんな恐怖を感じるくらいならできないほうが楽だ」という感覚に支配されるようになりました。

何かにチャレンジしても途中でやる気がなくなり、失敗することも避けてしまうために、何事も成し遂げることができないままジレンマを抱えることになります。

親は自尊心が低く、自分の中の劣等感を否認するために、自分の子どもを押さえつけて嘲笑することで自分の憂さ晴らしをするわけですが、このような精神的に未成熟な親元に生まれた子どもは本当に不幸です。

このような人は大人になっても、チャレンジが億劫で決断力が弱く、いつも自信がないばかりか、立場の強い者に心理的に服従してきたせいで、無力感や諦めの感覚が強く、何事にもやる気モードにスイッチが入りにくいという現象になります。

子どもを縛り付け支配する毒親たち

「毒親」というキーワードをここ数年でよく耳にするようになりました。

育児放棄（ネグレクト）や無視、身体的な虐待のほかに、教育虐待や過保護・過干渉などのように心理的に支配するタイプの毒親はわかりづらく周りも気がつきにくいといえます。

私はカウンセリングを通して、支配されたり、操作されてきたその子どもの心理問題だけではなく、そのような行為をしてきた親の心理問題もかなり扱ってきました。

ここ数年、取り扱うケースで非常に多いのが、さんざん子どもたちを縛り付けて思い通りにしたあと、その子どもたちが成人して巣立つと、孤独感や虚しさに襲われて親族の誰かれかまわずにしがみつこうとする親たちです。

実際にあった例をご紹介します。

ある母親が自分の子どもに対して言った言葉です。


「お前は私になぜ連絡してこない、親である私を捨てるのか、許せない！」


この人は子どもに対して何をしてきたかというと、子どもの欲求や甘えはすべて否定し、自分の気に入らないものの一切を拒絶し、受け入れませんでした。

そして、不仲な夫との関係に対する寂しさや怒りを息子や娘に吐き散らかして、かわいそうな自分を演じては泣き、子どもを味方につけては家族を分断していきました。


ある意味、家族に対して自分の思い通りにできたわけです。

ところが子どもたちが大きくなって巣立っていった途端に、今まで自分にとってうまくいっていたはずの、家族関係のバランスが崩れてしまうという事態に陥ります。

そして、そのときになって初めて自分が孤独であり、孤立していたことに気づくのです。

焦って寂しさからいまさら子どもにしがみついてみても、子どもたちはそれぞれの家庭を持ち自立して離れていったわけですから、距離を置かれるのも無理はありません。

うろたえた本人は誰かれかまわず、自分の悲惨さや子どもたちへの恨み・つらみを訴えては、同情を買おうとして人に近づきますが、ことごとく嫌われて避けられてしまうようになります。

そうやって避けられれば避けられるほど、怒りと恨みが募り、親族や同僚や友人など周りに自分の孤独な境遇を嘆き、悲しみを訴えています。そんな人生になっても、いまだに自分のやってきたことには向き合えません。


このような悲劇をたくさん見てきましたが、毒親といわれる親たちの自己中心的な生き方は、ある意味このような誰にも顧みられない不幸で孤独な結末を迎えることは容易に想像できるものです。

子どもを押さえつけて支配してきた人は、人生の終末期には子どもに捨てられてしまうのです。子どもに捨てられた親の末路は孤独です。

しかし、このような毒親と呼ばれてしまう親たちもまた、自分の親（毒親）に愛されずに搾取され否定され支配されてきたといえるでしょう。

「不幸は連鎖する」とよく言われますが、まさにこのような親子関係が世代間で連鎖していく様子をたくさん見てきました。

あんなに大嫌いな母親・父親なのに、気がついたら自分も父親や母親と同じように自分の子どもを暴力と暴言でねじ伏せ、思い通りに支配してきたことに気がついて愕然とするというパターンは非常に多いものです。


気がついて後悔しても過去はやり直せません。

大事なことは、これらを連鎖させない、自分の代で終わらせるのだと自分自身が決意することです。

また毒親からの支配から離脱するためには、自分が今やっていること、それをすることでどんな感覚や感情を感じているのか、に気づくことです。

抑圧されてきた自分の本当の悲しみや怒りや恐怖を感じて、まずは自分を癒すことに意識を向けてみるといいでしょう。

「あの人は嫌い、でも離れられない」という敵対的依存

依存の中には、嫌いながらも憎しみながらも相手に執着して離れられない「敵対的依存」というものもあります。

実際にあったケースをご紹介します。

優美さん（仮名）には憧れの女性がいました。その女性は40代の投資家でよくオンラインサロンやセミナーなどを主催して活躍している人です。

優美さんはその投資家女性のオンラインサロンに参加したり、リアルでも交流したりするうちに個人的にも親しくなりましたが、やがて憧れだったその女性に対して敵意を抱くようになりました。

それは、その投資家女性が自分よりもほかの女性のことを褒めたり、かわいがったりするためです。そのことに対して強烈な怒りと嫉妬心を感じてイライラしていました。

そしてある日、爆発したのです。

「なぜ私がここまでやってあげたのに、あなたに尽くしてきたのに、私のことを大事にしてくれないのか！」と。

当然ですが、相手の投資家女性はそんな風に感じるのであれば、この場を去ってもかまわない、と言いました。ところが優美さんはさらに怒り狂い、「私のことをそんな風に扱うのか、許せない！」と言い放ち、「今までのことを全部ＳＮＳにぶちまけて晒す！」と脅し始めました。

困った投資家の女性はうろたえながらも、なんとかその場を収めました。

後日優美さんは周りの人たちと大揉めに揉めて、そのサロンでの居場所がなくなってしまいます。

あんなに憧れていた女性なのに、自分の思い通りにならないとわかると手のひらを返して激怒し、相手を憎みながらも相手に執着して、悪口や嫌がらせやＳＮＳでの誹謗中傷をするようになってしまったのです。

最終的に優美さんはその投資家の女性に対する数々の嫌がらせをやめることはなく、とうとう投資家女性から訴えられてしまいました。

このように、本当は嫌いなタイプのはずの人間にわざわざ自分から近づき関わりを持とうとして、相手が自分に思い通りの愛情や承認をくれなかったりすると、手のひらを返すように憎しみと敵意からの攻撃に転じてしまうのは「敵対的依存」という心理です。

これは本当にその人のことを心底好きだったわけではありません。

その人を「思い通りにしたい」「私を承認してほしい」「私だけを特別に扱ってほしい」という相手に対する強い承認欲求や執着がそうさせているのです。

相手を思い通りにしたい、その思いは元々幼児期の自分の親に対する未完了の思いからきていることがほとんどです。

お母さんにかまってもらえなかった、愛してもらえなかった、注目してもらえなかった、話を聞いてもらえなかった、無視されてきた、そのような未完了の愛情欠乏感が似たような人物に対して投影されてしまうのです。

親を心から求めて愛しているのに愛してもらえなかった心の傷が、無意識に関係のない相手に投影され、承認と愛情を求めて自分の思いを消化しようとする心理が働いてしまいます。

この心の傷は生涯にわたって残り続けます。

愛しているからこそ、ずっと心残りのまま未完了で消化されていない場合、脳はそれを消化しようとして、似たようなタイプの人に心が惹かれ続けてしまいます。

相手を自分の思い通りにしたい、という支配欲と満たされない欠乏感と怒りを目の前の相手にぶつけようとしても解消されるわけがありません。その怒りをいくら目の前の人にぶつけても、怒りの本丸というべき過去の親に向けたものではないからです。

本当の怒りは別のところにあるということですね。

このように「この人嫌い、でも離れられない」という感覚は、敵対的な依存関係をよく表した言葉であり、好きと嫌いが入り混じった複雑な心理でもあります。

幼児的な甘えの要求と支配の関係性

子どもが幼児期にしっかりと母親・父親に甘えることはとても大事です。

なぜなら、子どもの素直な感情や要求や欲求を親に受け止めてもらうことで、子どもは素直に感じたことを表現してもいいのだと学ぶからです。そうすることによって、自分にはいつもつながりのある家族・親がいる、という無意識の「安心という土台」が形成されます。


この土台を**「愛着」**といいます。愛着とは、幼児期に親などの誰かとの愛情を介してのつながり感や、その人との「安心安全を土台とした心の絆」のことを指します。

この愛着の獲得が、その人の人格形成だけではなく、人の愛し方や関わり方や恋愛、結婚、子育て、仕事、など人生全体にも大きく影響します。

愛着という心の土台が、幼児期にまったく形成されないでいると、愛情欠乏感や孤独感とともに心にぽっかりと穴が空いている感覚、つまり不安や恐怖感を生涯抱いて生きることになります。
これがいわゆる「愛着障害」と呼ばれているものです。

この「愛着障害」があると、生涯にわたって寂しさを埋めるために、愛情や承認を求め続け、自己否定したり、誰かに承認を得ようとしたり、依存したりと人間関係や恋愛や結婚、子育て、仕事などにも大きな悪影響を及ぼし続けます。

幼児期に親に甘えを享受してもらうと、子ども自身が大人になって自立したとき、考えて選択して行動できるようになっていきます。

ですから、しっかりと甘えを受け取ってもらう経験は大事なのです。
しかし、その大事な時期にまったく親に甘えさせてもらえなかった。または、かわいそうな親、争う親たちがいたり、かわいそうな病気の兄弟・姉妹がいたりして、甘えるどころか早く自立させられて誰かの面倒を見る役割に入ってしまった子どもは悲惨です。

心が育たないうちに、強制的に自立させられた子どもは、甘えたい気持ちや子どもらしい欲求や感情表現を許されないまま、家の仕事や誰かの世話をさせられ、誰かを喜ばせるための人生を生きることになってしまいます。

そのような子どもの人生は、怒りと悲しみと苦しみに満ちたものになりがちです。


日本では、「愛着障害」は特に長男や長女などに多く見られます。墓守役や家を背負っていたり、親の家業を継いだり、親兄弟の犠牲的な役割であったり、家の負債を精算させられたりすることが多いからだと考えられます。

例えば次のようなケースです。

・精神的に幼稚な母親にいつも振り回されて母親の代わりに問題解決をしてきた娘
・精神的な病を抱えた父親の世話役をしてきた長女
・父親の借金に苦しむ母親の苦労を支えてきた長男
・障害のある弟を支えて我慢をさせられてきた娘

甘えるどころか子どもとして生きられずに、親を慰めたり、親から搾取されたり、利用されてきたり、という扱いを受けて育ってきた子どもたちは、大人になっても人と良好な関係性を築くことに困難が生じやすくなります。

その理由は、自分よりも親を優先してきた心の癖が取れないために、自分の心を殺して相手を優先しようとしてしまうからです。いい人・いい顔がやめられません。そうすると他人に都合よく利用されたり、騙されたり、粗末に扱われがちです。

彼らは幼児期に甘えを許されない環境下にあったので、他人に受け入れてもらうには相手の問題を解決し、相手を喜ばせ、助けることしかありません。

そのやり方しか、生きる術（すべ）がなかったといえるでしょう。

ところが、問題は成長して大人になったときです。

親しい人ができた途端に一気に瓦解（がかい）したかのように、今までの我慢してきた甘えの欲求が溢れてしまい、急激に相手に依存したり、しがみついてしまったりする現象が現れます。

ところが、しがみつかれた側は相手を重く鬱陶（うっとう）しく感じ、本人の要求を拒否したり、避けようとしたりしてしまうために関係性が不安定になりがちです。

人はしがみつかれると逃げたくなります。そうなると避けられた本人は猛烈な怒りが爆発してキレて相手を責めたりして、関係性が終わりを迎えることになります。

いつもこのようなパターンで人間関係が終わりを迎え、悲しみと怒りで頭がいっぱいになり、その一方でこの世の終わりのような憂鬱な気分になってしまいます。

そして「私はもうだめだ、死んだほうがいい」とアップダウンを激しく繰り返してはやがてそんな自分にも絶望してしまうようになります。

すべては幼児期に親から否定されて傷ついてきた経験から、愛情を通じた「愛着」という心のつながりが持てずに、愛情に飢え乾いているからなのです。

また、これらは幼児期に自分ではない誰かのお世話をしていたり、甘えを受け止めてもらえずに、苦労を背負ってきたりした人にも、とても多い心理状態であることを理解する必要があるでしょう。

根底には悲しみや怒り、孤独の絶望があります。それらを感じ続けていて、心にぽっかりとあいた穴を外側の誰かの愛情で満たそうとして、失敗を繰り返してしまい、さらに問題を強化してしまいます。

しかし問題は、そもそも自分の中にあります。「愛されない自分」や「存在を否定し無視される自分」という自己像（セルフイメージ）が邪魔をしているのです。

その否定的な認知から脱するためには、孤独の恐怖や見捨てられる恐怖や不安を少しずつ和らげて、癒していく必要があります。

第5章

何度も攻撃やいじめに遭うあなたへ

悪意を持った人の攻撃を見抜けるか？

「悪意を持った人を見分ける方法はありますか？」

と聞かれることがあります。

残念ながら初対面でその人が悪意を持っている人かどうかは超能力者でもない限りはわかりません。そもそも、最初から悪意があるかどうかの目星をつけて、先入観で人を見てしまうことは、かえって良好な人間関係を構築する妨げになるだけです。

ただ、この悪意にも2種類あります。最初から悪意がある人と、普段はそうでもないのにある日突然、悪意や敵意をむき出しにして攻撃してくる人です。

その違いは、本人自身が意図的に自分の悪意に気づいているか、または、無意識的に無自覚なまま人に敵意や悪意を向けてしまうか、の違いだと思います。

私が経験してきた明確に傷つける意図を持った悪質なケースを紹介します。

その人は当時40代の男性でした。

私がお世話になっていた方だったので、その方の住んでいる京都にお礼とご挨拶を兼ねてお会いしに行ったときの話です。

その方に「何を食べたいか」と聞かれて、よくわからなかったのでお任せしたところ「連れて行きたい料亭がある」ということで、そちらに案内していただけることになりました。

その料亭は一見さんお断りの由緒ある高級料亭です。

私自身がその料亭のことをあまり知らなかったのですが、格式の高さは見ての通りのものでした。料理に関しては素材そのものを楽しむタイプのもので、私にとっては満足のいくものだったように記憶しています。

ただ私はお会いしてお礼が言いたかったことと、久しぶりにお会いするので積もる話もしたかったので、料理の内容やその料亭の格式などにはあまり拘らずにその日は和やかにお話しして別れました。

しかし、翌日のことです。

彼の書いたブログの記事を目にしてショックを受けました。

そこにはいきなり、こう書いてあったのです。

「高級な薄味の微細な料理もわからないくせに、美味しゅうございましたなどと、知ったかぶりしやがって」と短文で数行のブログを書き、その日のうちに削除されました。

もちろん、名指しされたわけではありませんが、昨日の今日の話ですから自分のことだとすぐにわかりました。にこやかに楽しく会食できたと思って喜んでいたのは私だけだったのかと真っ青になりました。

その後、彼との共通の友人から聞かされたのは「高級料亭に連れてきた自分を褒めない私に腹を立てていた」ということでした。褒めてほしかった、称賛されたかった、なのにお前は褒めもせず、こんな一見さんお断りの高級料亭の価値などわかるものか、と言いたかったのかもしれません。

私だとわかるように敵意を露わにされるとは思わずにショックでしたが、同時に彼の抱えている自尊心の問題など、心の深い闇を見てしまった気がしました。


では、今度は「明確な意図はなく無意識に人を攻撃した」ケースをご紹介しましょう。

ある会社の営業をしていた女性は自己肯定感が低くて嫉妬心が強く、いつも他人と自分を比べては自分を卑下しています。しかも、様々なことに対してできない言い訳をしながら、周りの人よりもできないことを正当化して仕事をサボっている人でした。


ところがある日、事件は起きました。

経理担当から「業者からの請求書に対して支払いがなされていない」ということで、問題になりました。そこでその業者を担当していたのが、その問題の営業の女性です。

上司は問い詰めましたが、自分にはわからない、知らないの一点張りです。

しかし、最終的に彼女は書類を捨ててしまっていたことがわかりました。本人もそれを認めましたが、彼女には捨ててしまったという意識はなく、何かの拍子になくしてしまったことに気づかなかっただけでした。

彼女の上司が相手方の業者に謝罪し、ことなきを得ましたが、その後何度も同じようなミスが起きます。


実は彼女は夫婦問題を抱えていました。

夫に本音が言えずに依存しながらも服従しています。夫とは結婚以来喧嘩が一度もないのですが、それは本音でコミュニケーションをしないだけのことであって、喧嘩にはならないのです。とても冷たい夫婦関係で彼女は寂しい思いをしていました。


彼女は夫に対する憎しみをすり替えて、無意識に上司に対して攻撃していました。

書類を意図的ではないにせよ、無意識に雑に扱い、紛失するという形で、夫に向けられない怒りと憎しみを上司に向けて復讐していたわけです。

辛い現実から目を背けて、怒りや敵意を誤魔化しているために、関係のない人を無意識に巻き込んで深刻化していきます。

2つの事例を挙げてきましたが、このように明確な悪意と無意識的な悪意があります。これらを見分ける方法として私がお勧めするのは「いい人・いい顔をする人」に注意を払うことです。

「弱さを武器に近づいてくる人」に注意しよう

人間関係でよくトラブルを起こす人の中には「弱さ」や「不幸」を武器にして近づいてくる人がいます。

「私は被害者で周りの助けが必要」という一見して哀れさや悲壮感を漂わせて近づいてくるタイプで、このようなスタイルを私は「ぴえんタイプ」と呼んでいます。

自分は不幸でかわいそうな被害者であり、よって自分は助けてもらう立場であり、保護と関心が必要である、という態度をとり続けます。

大声で大げさに泣くタイプもいれば、いつもぴえんぴえんと、しょんぼりと鼻を啜(すす)りながら泣くタイプや、まるで女優かのように大げさに自分がいかに不幸かを大演説するタイプなど様々です。

これらのタイプは演技性パーソナリティ障害と呼ばれるものの可能性があります。私は障害を省いて「演技性パーソナリティ」と呼んでいます。

演技性パーソナリティの人の周りでは、いつも大げさな話や振る舞いに翻弄されてしまいがちになるのですが、しかしさっきまで激しかった言動や行動が少し落ち着くと、けろっと何もなかったかのように立ち直るのが早い人も多く、周りを驚かせたりもします。

さっきまで「ぴえん」だったのはなんだったのか、と周りは驚くのですが、それもやはりこの演技性パーソナリティの特徴でもあります。

このタイプの人は、本当に悲しいのではなく、不幸な自分を無意識に演じることで相手からの関心や注目や承認を得るための振る舞いであった可能性が高く、ある程度目的が達成されると落ち着く傾向にあります。

これらの演技性パーソナリティの多くは、心理的には愛情欠乏感や孤独の問題を抱えており、関わりや関心を求めて「かわいそうな私」を相手に対して無意識に演じているわけですが、周りの人は振り回され困惑してしまいます。

またこのタイプの多くは不安や孤独の問題を抱えており、人間関係ではいつも揉め事が多く、不安定で他責的です。また依存性が強いわりに、裏表が激しく、攻撃性の高いタイプも目立ちます。

例えば、次のようなケースがあります。

よく揉め事を起こす女性がいました。

意地悪な発言をして相手をけなしたり、わざと同僚の仕事の邪魔をしたり、梯子（はしご）を外すようなことばかりするので、ある日見かねた上司から注意されました。

するとその女性は「私は上司からパワハラに遭いました。ひどい。私のことは聞いてくれなくて一方的に断罪されて辛い」と周りに泣いて訴えます。

周りは当然何が起きたかを知らないので、「彼女がこんなに泣いているのだから上司はきっとひどいことを言ったのだ」となります。こうして上司の立場が悪くなってしまい、その部署を追われることになってしまいました。

このようなケースでよく見られるのは、「騒いだもの勝ち」「被害者になったもの勝ち」の状態です。

この場合は注意した上司の立場を追い込んだわけですが、問題は一度このようにして「成功体験」を勝ち取った人は、同様の行動を繰り返してしまうことです。

周りにとっては迷惑極まりないですし、本人にとってもいずれは大きな問題となり、孤立の道を歩むことになるでしょう。

このように「弱さ」はときに武器になります。

この「弱さ」や「哀れさ」や「被害者」を武器として使う人物に関わりを持つときは、お世話するのではなく、少し距離を置いて客観視してみる必要があるでしょう。

なぜならこのようなタイプは嫉妬心が強く、ほかの人が褒められたり注目されたりすることに強い不快感を覚えるからです。演技性パーソナリティの多くは、愛されない恨みを抱いているので、他人よりも自分に関心や注目が常に向けられていないと気が済みません。

また、**弱さを武器にするのも「敵意の現れ」**なのです。

そして、本人を中心としたトラブルは常時起き続けます。

繰り返し同じような問題が起きる場合は、その人との関わりを見直したほうがいいでしょう。

特に相手から、自分の思い通りの関心や関わりや優しい言葉がもらえないとわかると、一転して背を向け、相手を陰でおとしめるような言動をします。このような人は人間関係は揉め事が多く、とにかく不快な関わりになりがちです。

「弱さ」を武器に使う人ほど「攻撃性が強い」と認識するといいでしょう。

なぜ、同じような問題が繰り返されるのか

どこに行っても同じような問題、同じような嫌な人や嫌な目に遭ってしまう人がいます。

相手の問題も確かにありますが、同じようなパターンで繰り返し悩む人の場合は、また違う心の問題が考えられます。

例えばこのようなケースです。

ある営業マンの男性は、何度も転職を繰り返していました。でもよくよく考えると、いつも同じようなパターンで職場に居場所がなくなって辞めてしまっていたのです。

話を聞いてみると、彼はいつもこう言います。


「上司が自分に対してパワハラやモラハラをする、社長の下にいるナンバー2の人物に特に反応してしまい、最後はブチ切れて辞めてしまう」


そして彼は「いつも社長には反応しないのですが、ナンバー2の人に反応するのだ」と言います。かなり些細な話が多く、彼自身の受け取り方にも少なからず問題があると感じました。

そのナンバー2とは社長の息子であったり、常務取締役であったりと立場は様々ですが、社長にではなくその下についている人といつも揉めるという特徴があります。

話を重ねていくうちにあることがわかってきました。

それは、彼が父親を憎んでいたということです。

暴力と暴言、そして借金を抱えた父親は家族を置いて蒸発してしまい、残された母親は父親に対する憎しみを常に息子である彼にぶつけていました。母親は男性である彼を敵視する一方で、妹は自分の味方だとかわいがっていたそうです。

当然どちらにも愛情をもらえない彼は愛情欠乏感を抱き、母親には嫌々ながらも服従していましたが、同時に自分たち家族を捨てた父親に対する憎しみや恨みを抱いていました。

ただ憎しみの裏では父親に愛されたいという思いもあり、父親に対する思いと母親に大事にされたいのに愛されないという恨みもあります。

彼の憎しみや敵意は成長とともに醸成され膨れ上がり、ナンバー2の人に対する怒りの投影として表現されてしまうようになりました。

ここで疑問に感じるかと思いますが、彼は実は妹に対する嫉妬心と敵意を抱いていたのです。それをナンバー2の人物に向け、父親に相当する社長には服従していたのです。

彼の本音はこうです。

「妹がいるから俺はいつまでも愛されない、いつまでたっても大事にしてもらえないのは、妹のせいだ、あいつがいなければ俺はもっと大事にされるはずだ」

この気持ちを抑圧していました。その妹に対する僻みや妬み、嫉妬などの鬱屈した思いがナンバー2の人に対する怒りや憎しみとして投影されていたのです。

「俺を疎外するナンバー2が許せない」「俺のことを嫌いなんだな」「どうせバカにしているんだろ」「少しは俺のことを認めろよ」といった気持ちです。

つまり、ナンバー2の人の問題ではなく、彼自身の認知の歪みと劣等感と深刻な自己愛の傷つきが彼に誇大な被害妄想を抱かせていたのです。

このようにして、本当の問題は過去の生育歴にあり、過去の未完了の問題を解決して消化しない限り、この人の問題はいつまでも解決できないでしょう。また職場を変えても同じような人を見つけては、敵意と憎しみを抱くようになります。

このような場合には、本当は愛されたかったという悲しみや怒りや寂しい気持ちを自分自身が受け止める必要があるでしょう。

自らが誰かの「心理的なゴミ箱役」を引き受けていないか

またよく問題に引き摺り込まれる人の特徴として、わざわざ請け負わなくてもいい役割を繰り返し請け負っているケースが多々あります。

誰かから粗末な扱いを受けていたり、誰かの嫌な感情を引き受けていたり、愚痴の吐口（はけぐち）になったり、バカにされたり、利用されたりして、自分を他人に粗末に扱わせてしまう「心理的ゴミ箱役」を引き受けてしまっている人です。

自ら「心理的ゴミ箱役」という立場に入っているのに、不満と怒りでいっぱいになるのは、そういう犠牲的なポジションを取ることで必要とされ大事にされることを、無意識に期待しているからなのです。

または、ゴミ箱役を引き受けると「称賛や承認」が得られ、自分が生きていていいという「自己肯定感」や「自己有能感」も満たされますし、相手を見下して優越感に浸れるという心理的利得（メリット）もあります。相手とのつながり感も得られます。

例えば、このようなケースです。

恵さん（仮名）は中小企業の営業事務をしています。彼女以外に3名の男性社員がいるのですが、彼らはいつも彼女に大事な仕事を押し付けては、定時に帰ってしまいます。
当然それらの仕事はすべて恵さんがこなさなくてはならなくなり、残業が続くのですが、それでも彼女は不満を抱きつつもこなしてしまいます。

そのうちに彼女は不満が溜まりに溜まって爆発してしまい、男性社員と口論になって、その後心療内科で適応障害の診断を受け、結局は退職してしまいました。

そこで彼女の話をよくよく聞いてみると、驚くような発言が飛び出してきます。
まず、なぜそんなに嫌なのに他人の残業などの余計な仕事をわざわざ請け負うのかと聞いてみました。

するとこのような答えが返ってきました。

「だって彼らは無能だし、私がいないとこの会社はうまく回らないでしょ。私の存在があっての会社なんだし、彼らは本当にバカでどうしようもない奴らだから、私がやるしかないんですよ」

そう言ってため息をつきます。

「ではこの会社はあなたが必要だったということですね。それであなたがいなくなってからその会社はどうなっているのですか？」

そう聞くと彼女は黙ってしまいました。

現在この会社は彼女がいなくても回っているのです。彼女はこの事実は認めたくない様子でした。

そこで私は「あなたが嫌だったのに彼らの仕事を請け負うことで、得ていた感覚は何でしたか？」と聞くと、こう答えました。

「私は必要とされている、生きていていいという感覚です」

私は「ではあなたは必要とされるためには、嫌な役目や嫌な仕事でも黙って引き受けることで、周りの人の心理的なゴミ箱役を演じていたわけですね」と聞くと、「そうですね」と涙ぐみました。

彼女は自ら嫌な役割を引き受けることで、誰かの役に立って自分の価値を証明しようとしていたわけですが、それとは引き換えに、嫌なものを飲み込まなければならないという大変なストレスを抱えることになってしまっていたわけです。

元々彼女はシングルマザーだった毒母に育てられ、母親のヒステリーによる暴言暴力に怯えていました。

いつしか彼女は、母親を怒らせないために、母親のお手伝いをして家事をよくこなし、いい子で母親の自慢になれば、恐怖から逃れられると学習してしまったのです。
この「よくできる我慢強い子」という生き方が「都合のいい人」として利用される生き方につながってしまいます。そのため、どの会社に勤めても同じように「都合よく利用される人」として雑に扱われるようになってしまったと考えられるわけです。

それでも彼女にとっては役に立つことで、得られている報酬は「生きていてもいい」という感覚だったので、それと引き換えに失う代償よりも大きい喜びだったのでしょう。
つまり、自分のことを他人に粗末に扱わせることで「自分を感じられる」という「心理的利得」があるからこそ、「心理的なゴミ箱役」でいたということです。

私が行うカウンセリングでは、このようなケースを取り扱うことが非常に多いです。そこでの解決のためにはまず寂しさや愛情欠乏感や孤独の恐怖を和らげていくことが優先になります。

「攻撃する人」と「攻撃される人」は相互に入れ替わる

「自分はいつも被害者で攻撃される側にいて損している」と訴える人の相談を聞く機会が多いのですが、話をよくよく聞くと、実際はその本人自身が相手に対しても攻撃していることが多々あります。

自分から先に相手に失礼な言葉を投げかけて、相手の攻撃を引き出しているというケースも多く、相手に反撃されたことによって「私は辛い、悲しい、被害に遭った」という訴えをするのですが、そもそも自分から相手に攻撃を仕掛けてしまっているのです。

例えば、妻が夫に「同期はみんな昇進したのに、あなたはいつまでも出世できない万年平社員よね」などと言ってわざわざ怒らせてしまうパターンなどもこれに該当します。

これは相手の嫌がることにわざわざ触れて怒りを煽(あお)るパターンです。

なぜこのようなことをするのかといえば、「攻撃される、攻撃する」ことが家族間の一種のコミュニケーションとして機能する家で育ってしまったことが考えられます。

特に家庭内が罵倒や軽蔑などの否定的なコミュニケーションで満ちている場合、否定的な扱いがそもそもの基本姿勢であり、家族のつながり感なので、わざわざ否定的な言葉で関わろうとしてしまうのです。

よく見られるのは、身近な人との関わり方に対して、相手から怒りの反応を引き出すことで、相手との関わりを持とうとするケースです。子どもが母親の関心を引くために悪いことをわざとして怒られるというもので、相手に叱られることで真剣に関わってくれることをどこかで期待しています。

夫婦喧嘩の仲裁をしていた長女が、父親が先に手を出したから父親が悪いと思っていたが、冷静になって振り返ると、先に母親が父親の嫌がることを言い煽っていたのを思い出した、というのもよくあるケース。まさに**攻撃者がその都度入れ替わる**わけです。

これは関わり自体が目的であり、夫婦の否定的なコミュニケーションでもありますから、不仲なのに仲がいい夫婦にありがちです。しかし子どもは大変な思いをします。
また攻撃される側の立場になった場合には、その怒りを自分よりも弱い立場の人にぶちまける「怒りの置き換え」という心理状態にもなりがちです。

タクシーやバスの運転手、コンビニの店員、企業のカスタマーサービスの係員に暴言を吐く、などのカスタマーハラスメントも、自分自身の内面にあるなんらかの憎しみや怒りを関係のない無抵抗な他人に吐き出す行為に該当します。

また、子どもに一切の遊びを禁止して、習い事や塾ばかりに通わせては、子どもを使って自分の劣等感や自尊心を克服しようとする状態を「教育虐待」とも呼びます。

本当は怒りを感じるパートナーに対してそれを表現できないために、子どもに厳しく接することで怒りを表現するものです。
このケースに多く見られるのが、問題を抱えた両親が子どもに厳しい「しつけ」と称した教育虐待をすることにより、自分の心の葛藤から逃避しようとすることです。そうして目をそらしていれば、夫婦は表面上うまくいきます。

このようにして、怒りはより弱いものへと引き継がれ、連鎖していくものですから、これに気づいて止める人が出てこない限りは怒りの連鎖は止まることはありません。

だから、まずはこのような連鎖に自分も加担しているのではないかと気づいたら、「自分が止める」という意識を持つことが大事です。

もし「自分もやっているのでは」と気づいたら

「自分が攻撃されている」「被害を受けている」と自覚するのは簡単ですが、厄介なのは自分が攻撃していることに気がつかないケース。実はこれが圧倒的に多いです。

なぜなら人は自分のことだと認識して受け止めることよりも、相手のせいにしていたほうが楽だからです。

これが先に紹介した「投影」です（54ページ参照）。

投影の厄介なところは、「相手のせい」にしているけれども、実は自分から攻撃を仕掛けていることに気がつかないという点です。

ＳＮＳなどでもよく見かけるのが、相手の言葉を短くその部分だけを切り取って、相手がいかにも悪者であるかのように批判し非難する人たちです。

それに対して反論しても反論した人が悪者扱いされ、言葉を切り取って流した人は「正義の人」かのように取り上げられたりもします。

「私は正しい」という正義のもとに他者を断罪するタイプは、とにかく周りを疲弊させる厄介なものです。

自分は正しいという前提で、他人の欠点をあげつらうわけですが、そこには、他人に自分の欠点を投げつけている「投影」の心理も働いていることも多く、いわゆる「おまいう（お前が言うなの略）」といわれる状況を本人が作り出していたりもします。

特に社会正義を強く主張する人や陰謀論的な科学的根拠に乏しい論説を振りまわして他人を批判・非難する人は他人の言葉に耳を貸しません。

これは「自分の中の正義は他人とは違う」という意識がなく、人との境界線がないという問題でもあるのです。

ただ、自分がもし「自分のやっていることかも」と気づいたら、自分や状況を変えられる大きなチャンスになります。

なぜなら、投影にしても正義中毒にしても、自分の問題から目を背け、他人を批判したり排除することで、安心を得ていたりするわけです。

逆に自分の外側を責めたり、攻撃したりするのではなく、自分の内側で何が起きているのだろう、と自身の内面を掘り下げていけば、「もしかしたら、自分の恐怖や不安、怒りは自分の心が傷つくのを避け、心を守るために反応しているのではないか」と気づける可能性が出てきます。

そうすると、自分の外側に憎悪の対象を探そうとしたり、敵意を向けたりする必要がなくなってくるので、心が穏やかになってきます。

私がカウンセラーという存在が社会にとって大切だと思うのは、外側にばかり意識を向けて他人や社会や周りに敵意や憎悪を向けてしまう人に対して、自分の内側に問いを投げかけさせて「自分の本当の気持ち」に気づく手伝いができるからです。

本当は寂しい、本当は辛い、本当は孤独だ、本当は不安で怖い、本当は悲しい。
これらの本当に感じている感情を掘り下げることができたら、その自分の本当の隠している気持ちに寄り添って気づいてあげることで、感覚が変わってきます。

自分が投影していると気づいたときこそ、「何を我慢して、何を恐れているのか」を、自分の内側に意識を向けて、問いかけることが大事になってきます。

自分の過去と向き合うことの大切さ

先ほど、「人はそのときその場で、攻撃する側と攻撃される側がその都度入れ替わる」と述べました。

どうしてそのようなことになってしまうのか、どうやったら変えられるのか、と思うことでしょう。

これらの問題を改善していくために大事なことは、「無意識に自分を守ろうとする機能が働く」という現実に向き合うことだと私は思います。

誰もが一生懸命生きています。その中で、傷ついてきた過去があり、悲しみや怒りや恨みや絶望感や孤独感や欠乏感を抑圧してきたその総量が大きければ大きいほど、その感覚を感じることを避けるために、人間は自分の心が「二度と傷つかないように」守ろうとするのです。

そのために自分を守るために人を過度に攻撃しようとしたり、悲しみや絶望を感じるような場面に遭遇すると、その感覚を感じることを避けるために、怒りという感情にすり替えてしまったりします。

このような機能を精神分析の世界では「防衛機制」と呼んでいます。

これは、自分の中で見たくない、聞きたくない、わかりたくない、感じたくないものに触れたときに、自分の中でなかったことにして抑圧してしまうことによって、様々な出来事、人、に反応を起こして問題を作り出してしまうことです。

例えば、母親に愛されなかった人は、愛する人に受け入れてもらえない、愛してもらえないという悲しみを抱えています。そして、それを直視したくないがために「現実否認」をするようになります。

そして母親を「理想化」し、愛されない自分が悪いのだと自己否定したり、尽くして犠牲になっていればいつか愛してもらえるかもしれない、という妄想の期待を抱いてしまうようになることもあります。

しかしそれが手に入らないという現実を直視したとき、あまりにも受け入れ難く、絶望したり、誰かを無意識に攻撃したり、死にたくなったりしてしまうのです。

このように愛されなかった人の中には、防衛機制による「現実否認」と「理想化によるすり替え」が起きてしまいます。

そして、孤独の恐怖から逃げるために支配者に服従したり、依存したり、利用されたりすることが繰り返されます。

特に幼少期に心の傷を負った人にとっては、過去のパックリ開いた傷が血を流したまま、手当がされないまま放置されているので、その人の心はこの傷を治したい、癒してくれ、と訴えてくるわけです。

これを**「未完了の心の傷」**といいます。

この未完了の心の傷がない人は世の中にはいません。どんな人にも大なり小なり心の傷はあります。成長して体は大人になっても、この傷が何らかの反応として作用してしまうのです。

だからこそ、この過去の心の傷は早急に縫い合わせて薬を塗って手当をしないと、いつまでも「痛い、痛い」と脳が訴えかけてきます。

そうでないと、幼児期の心の傷が疼（うず）いて、同じような人や場面で投影は起き続け、仕事、友人関係や恋愛、結婚、子育てなどのすべてに影響してしまうでしょう。

過去の心の傷は今現在の自分の現実の問題を浮き彫りにしてしまうので、この傷は自分にとってどんな問題になっているのかを自己分析してみることをお勧めします。

第6章

攻撃から自分を守るには
どうすればいいか

「他人と自分との境界線」をはっきりさせよう

人からの攻撃を受けやすい人は、「他人と自分との境界線」が曖昧です。

「人と人との境界線」とは、自分という存在は自分の皮膚の内側に、他人は自分の皮膚の外側に存在している、つまり「感じ方も生き方もまったく違う人間である」という無意識的な認識のことを指します。

この自分と他人との境界線がないことを「無境界」といい、自分の気持ちと相手は同じはずだと思い込むことで、人間関係で様々なトラブルを引き起こします。


無境界の人によくあるのが、自分の問題ではないのに他人の問題や悩みを自分の問題であるかのように抱えてしまう、相手が必要としていないのに身を乗り出して余計なお世話をする、などといったことが挙げられます。

例えば、家族間での借金問題を兄弟で肩代わりしてしまったり、子どもが解決すべき問題を親が介入してしまったり、両親の夫婦間の争いを子どもが犠牲になって収めてしまったりするケースです。

こういう経験がある人は、誰かの心理的なゴミ箱役になって相手の愚痴や文句を受け止め続けてしまいます。すると、他人からの頼み事を断れず、常に他人の困り事を引き受け行き詰まってしまうのです。

その原因として、幼少期に次のような経験をしていることが考えられます。

・精神的に不安定で、未熟で幼稚な両親のもとで育った
・親兄弟が無責任で無力だった
・家族の誰かが病気や障害を抱えていてお世話をしていた
・親の役に立っていれば居場所がもらえた
・いつもかわいそうな親や兄弟など誰かの慰め役だった
・両親がいつも不仲で自分が仲裁役だった

結果的に幼少期から誰かのお世話役をしていたり、誰かの役に立たないと居場所がなかったり、見捨てられる恐怖や孤独の恐怖を感じていたケースが多いのです。

このように誰かの問題を背負ったり、犠牲になっていたり、自分よりも誰かの役に立つ存在であり続けなければ居場所がなかった人の多くは、自分よりも他人のことを優先しなければいけないと感じ続ける傾向にあります。

親子で共依存の関係に育ってきた人は特にこの傾向が強く、親から「お前はお前であるな」という暗黙の命令に従い続けてしまうため、自分の人生がわからずに苦しみます。これがより強く働くと、「特定の相手の問題を解決しないと生きていてはいけない」という罪悪感を感じるようになっていきます。

「相手の問題を解決してあげないと罪悪感を感じてしまう」というのはそもそも自他の境界線がなく、相手の痛みや苦しみを自分のことのように受け取りすぎて自分が苦しんでしまうことです。

そのような人は、意識的にまず「他人の問題と自分の問題」を区別することから始めなければなりません。相手の問題は相手に返し、自分の人生に意識を向けてみることが大事です。

また同時に、相手を自分の境界線に侵入させないことも大事です。自分の人生の主導権を他人に明け渡してはいけません。自分で考え、選択し、行動することを意識しましょう。

「ずるい攻撃」を受け取らない方法＆ひとり対談ワーク

受動攻撃を受けている人、またいじめや嫌がらせ、パワハラモラハラ、陰湿なネットいじめや仲間はずれなど「ずるい攻撃」をよく受ける人に知ってほしいことがあります。

それは「攻撃を受け取らない」ことです。

「そんなことできるわけがない」と思われるかもしれませんが、この意識を持つだけで姿勢と行動は変わります。

そうすると相手がやりにくいと感じますので、攻撃が少し変化してきます。

そのためには、なぜ自分がこの人たちに対して、怯えているのか、どんなところに恐怖を感じているのか、を掘り下げてみてください。

例えばこんなワークをしてみることをお勧めします。

目の前に「自分を攻撃する人」の椅子を置いて、その人が椅子に座っている姿をイメージして眺めてみます。そうして、次の質問を自分に投げかけてみてください。

「どんな顔をして、あなたにどんなことを言っている？」

そして、今度はイメージの相手に質問してみるのです。

「あなたはどうして私に嫌がらせをするのですか」

そうすると相手はどんな顔をしてどう答えるでしょうか。

例えばこんな感じかもしれません。

「本当はあなたが妬ましいし、羨ましい。自分にできないことができるし、周りからも評価されて称賛されている。私は悔しいし、負けを認めたくない。私はみんなから無価値だと思われるのが怖いんだ。だから私はあなたに嫌がらせをしているんだ」

など。この答えに正解はありませんし、なんらかの相手の言葉が自分の中に届くはずです。

嫌がらせをしてくる相手が自分の価値を努力して上げるのではなく、人の足を引っ張り、無価値化することで自分の価値を上げようとしていることがわかったりします。

では、それを聞いてあなたはどう感じるでしょうか？

またそれを聞いて何に気づいたでしょうか？

いかがでしょう。

イメージワークですが、これを行うことで、自分の認識や相手への認識がよりクリアにスッと入ってくるかと思います。ぜひやってみてください。

自分の振る舞いがどんなメッセージになっているかに気づく

これまで、自分自身が過剰に攻撃を恐れてビクビクしていませんでしたか。

もしかしたら、それがさらなる相手からの攻撃を引き出してしまっているとしたらどうでしょうか。

実は、「怒りの置き換え」という心理は、攻撃しても反撃してこない人、つまり、自分よりも弱いと感じた人に吐き出されるものです。だから怯えて弱い姿勢を見せてはいけません。逆に相手の攻撃性を引き出してしまうからです。

つまり攻撃者にこのようなメッセージを与えてしまいます。

「私はあなたが怖いので抵抗しません。だから私を攻撃しないでください」

これで攻撃が止まるどころか、「相手から攻撃されても反撃しません」というメッセージになってしまい、さらに攻撃してくるのです。いじめであれば、ますます悪化します。

こうしてみると、自分を客観視できます。そうすると、自分が相手に間違ったメッセージを送っていることに気づき、対策も立てやすくなるのではないでしょうか。

先ほど紹介した、「対談ワーク」をやってみると面白いことがわかってきます。不思議なもので、椅子を目の前に置いて会話をしてみるだけで、相手の気持ちが伝わってきます。このワークは不思議な発見が得られて、相手に対しての新たな気づきになります。

そして、自分自身が過剰に怯える気持ちを持つ必要がないのだとわかり、少し冷めた気持ちになるでしょう。

このような心理セラピーワークは簡単にできます。この方法は一人で悩んだときにも効果的で気づきの嵐になりますので、ぜひやってみてください。

「なあなあ」で終わらせない

日本人は良くも悪くも、他人に迎合し、争いを好まず、周りに合わせることが上手です。これは日本人の長所でもあるのですが、私は短所でもあると考えています。

特に立場の弱い人に対しての受動攻撃、パワハラやモラハラや弱いものいじめなどをされたときによく見られるのが、わざわざ相手の下に潜り込んでしまい、平伏してしまうといった対処をしてしまうことです。または、争いを避けるためにニコニコと笑顔で済ませたり、なあなあでその場を曖昧に済ませてしまったりする人もいます。

先ほども述べた通り、この態度が後々、相手を増長させてしまうことにもなります。丁寧さを心掛けつつも、明確にそのような嫌がらせやハラスメントは受け取らないという態度も必要です。

こういうことを言うと、「もっと攻撃されるのではないか」という恐怖を感じる方もいるかもしれません。

しかし、一度でもそのような態度を見せた場合、その後で態度を変えたとしてももう遅いので、最初の時点でノーと断る、受け入れないという態度を取ることは非常に大事です。最初の時点でパワハラやセクハラや言葉の暴力などのハラスメントに対して、曖昧な態度を示すということは、相手にとって「ハラスメントを受け入れた」という意味にもなってしまうのです。

例えば、私が新入社員の昭和の時代には、女性への性的な発言をしても周りが笑って許していたり、職員旅行や新人歓迎会などで女性社員の体を触ったりするなどのセクハラが横行していました。

それを黙って手を払いのけなければ相手に「ＯＫ」をしたサインとみなされ、その後すれ違いざまにお尻や胸にタッチしてくるようになっても、ほとんどの社員は文句も言えずに泣き寝入りしてしまう有様でした。

その場を収めるために黙ってやり過ごしたつもりが、その嫌がらせ行為がかえって続くようになってしまい、ますます悩みを抱え込んでしまうようになります。

「ずるい攻撃をする人たち」は正面からの反撃を恐れる

私自身、実際にそのような人々を見てきて感じるのは、**抵抗して最初からノーと断る人にはそういう嫌がらせや攻撃をする人は近寄らない**ということです。

例えば、私などは人から嫌味や嫌がらせに遭ったり、お店のほうからあまりにも失礼な扱いを受けたりしたときは、相手にきちんと「不快です」とその場でお伝えするようにしています。

嫌がらせなどをする人は「正面から言われる」ことをとても恐れています。

SNSなどで嫌がらせをする人はほとんどが「匿名」で、自分の身元がバレないように隠しながら、安全圏から他人を攻撃するという姑息で卑怯なやり方をとります。

それが「正面から対峙できない」という彼らの「弱さ」の証拠でもあるのです。

その場で不快であることを伝えることができない場合は、自分の名前をきちんと明かした上で、メールで伝える、あるいはその人の直属の上司や会社に訴えるなど、より強い人の力を借りてもいいでしょう。

何度も続く場合は、動画を撮ったり、録音をしたりしておくのもお勧めです。具体的ないじめの証拠を突きつけることは自分を守る上でとても役に立ちます。

私も過去にかなりひどい誹謗中傷をされたことがありましたが、その際に、その誹謗中傷のメールを証拠として知人からもらい、本人を事務所に呼び出したことがあります。その際には本人はなかなか認めませんでしたが、証拠を見せられて観念しました。

もしあのときに、私が曖昧な態度をとってやり過ごしていたら、いまだに風評被害は広がり続けていたかもしれません。

とにかく一番良くないのは曖昧な態度となあなあで済ませること。

やるべきことは、毅然とすること、明確にノーと断ること。それができないなら、せめて受け入れないという姿勢は見せておくこと。これは一度受け入れてしまった場合も同じです。

この意識を持つとかなり違ってくるでしょう。

「自分のことは自分で守る」という意識を強く持つことをお勧めします。

自分を雑に扱わせない

他人からの攻撃に遭いやすい人の傾向として、無意識に人の下に潜り込んで粗末に扱われることを受け入れてしまう人がいます。

問題や面倒なことを押し付けられても、曖昧な態度で断れない人も同様です。

そういう人は自分で自分を雑に扱うことを他人に許可していることと同じで、詐欺にも遭いやすく、利用しやすい人として扱われやすいので気をつけましょう。

傾向としては、他人に共感的で思いやりのある優しい人に多いです。

その中には、幼少期に支配的な親に育てられて、自分の甘えの欲求を受け止めてもらえずに、我慢ばかりさせられてきた人が多いです。

また、自己否定の問題も抱えており、自分を殺して周りや他人を優先するような生き方をしている人も多くいます。なぜそれをするのかというと、理由は「嫌われたくない」からです。

結局、人に粗末に扱われてしまう人ほど、「いい人・いい顔」をして他人の顔色ばかりをうかがってしまい、自分の意見や考えを表明することができません。

もし考えや意見を言ったら、見捨てられたり、孤独になったり、攻撃される、居場所がなくなってしまうという恐怖につながるからです。

それは自分に自信がないだけではなく、「嫌われないことが最善」と、恐怖を避けて安全策をとる生き方を親子関係から学習してしまっていると考えられます。

先にも述べましたが、脳は不安や恐怖を感じていると、まずそれを避けることを優先しようとします。

だから、人間関係では常に恐怖や不安を避けるために「嫌われないこと」を優先してしまいます。それが自分の心を傷つかないよう守るための最善策になるからです。

しかし、嫌われないことを優先してしまうと、自分の感情や自分の本音を隠して誰にでもいい顔をしたり、いい人でいようとしてしまいがちになるので、それが生きづらさにつながってしまうわけです。

誰にでもいい顔をしていると、相手に「私はあなたの支配を受け入れます」的な誤ったメッセージとして伝わってしまうことが多く、見下されたり、バカにされたり、利用されたりすることにもつながってしまうのです。

それでも「嫌われるよりはマシ」という生き方を選んでしまうのは、幼少期から「否定的なつながり感」を維持し、そうしていたら「孤独にならない」「寂しくない」という感覚に慣れ親しんでいるからだと私は考えます。

特に親に無視されてきた人は、否定され、怒られることで傷つくけれども、親が自分の目を見てそのときだけつながってくれる、その瞬間に「自分を感じられる」わけです。怒られることに喜びを感じている状態です。

だから「自分を否定する人」にわざわざ否定させるように仕向けていく、それが相手に迎合し、相手の言いなりになり、相手の支配を受け入れて、利用されることを受け入れるという行為につながってしまいます。

攻撃する人と攻撃される人がお互いに欠乏感や無価値感、劣等感、孤独感を抱えており、お互いを癒すために無意識に役割を演じているという可能性も考えられます。

ある意味、支配される、支配を受け入れることでお互いの心の傷を癒そうとしているのではないか、つまりお互いにニーズを満たしているのかもしれません。

利用される人はずっと利用されて怒りを溜め込んでいるし、意地悪がやめられない人も自分の中にある敵意や怒りの感情に向き合えず、双方ともに怒りの感情でつながるといったほうが妥当でしょうか。

でもこのような関わりに気づいたら、終わらせようと決めることです。

過去の関わりの連続性によって今の問題につながっているのであれば、今すぐにやることは、さっさとその役割を降りることです。どちらかが降りたら、もうその関係性は続けられなくなります。

そして、こうつぶやいてみるといいかもしれません。

「私は自分のことを誰にも粗末に扱わせません。たとえ自分を表現して、他人に受け入れてもらえず、嫌われ否定されたとしても、それは相手の選択です。相手の選択は相手のものです。自分の気持ちを大事にすることは、孤独になることではありません。私は自分の大事な人を自分から選ぶことができます」

このように、過去の自分を断ち切り、これからは自分で選ぶという意思を言葉にしてみるのです。そして、何か湧き上がる感覚や気づきがあれば、ノートに書いて言語化してみましょう。

自分の心と向き合うことが解決への一歩になる

この本を読み進めていただいて、「ずるい攻撃」をする人の心理や攻撃される人の心理については、自己分析と自己理解がかなり進んだかと思います。

基本的に人は変えられません。

攻撃してくる人の心を変えることは他人にはできません。攻撃者が変わるときがあるとすれば、攻撃者本人が「これはまずい」と気がついたときだけです。

そのような幸運なケースになればいいのですが、ほとんどは魔法でも起きない限りその人が変わることはあり得ないのです。

それでも攻撃に耐える人の多くは、いつかこの人が変わってくれるかもしれないという淡い期待を抱いていたりもします。しかし、それを待っている間に自分の心が折れてしまうでしょう。

攻撃を避けるのではなく、攻撃されても受け取らない、跳ね返せる強いメンタルを作ることのほうが重要です。

その方法で一番効果的なのは**「自分の心の内側にアクセスする」**ことです。

これが難しいのですが、一番有効な方法です。

自分の無意識、自分の気持ちや本音、自分の心の傷、自分の抑圧してきた感情に意識を向けてみると、多くの問題は解決に向かいます。

ところが人というものは、自分の内側に向き合うのはとても苦手で苦痛です。

確かに自分に向き合うよりも外側の誰かを責めているほうが楽です。

しかしそうすればするほどに、自分の抑圧してきた痛みや苦しみは、関係のない誰かに向けられ、最悪の場合は自分に向かいます。

自分より弱いものに怒りを向けて吐き出す場合は、そのときは楽でも、相手の恨みや憎しみを買うことになり、人間関係がうまくいかずに最終的には孤独になってしまうでしょう。

逆に怒りを出せずに無自覚に抑圧したままでいると、外に出せないまま、その怒りが自分に向かってしまういわゆる「反転」という心理状態に陥ることがよくあります。

反転とは簡単にいえば、「自分責め」です。

この「反転」という心理状態は、怒りを外に表現できない人が「自己否定」や「自分責め」をすることで、自分の心と体を傷つけていくという心理状態です。

自己否定だけではなく、自傷行為、鬱、自殺念慮、アルコールなどの各種依存症、適応障害、ストレスによる心身症など、様々な弊害につながりますから、怒りを自分に向けて傷つける「反転」だけは避けたいものです。

これらを解決していくためには、自分のどのような感情やどのような感覚が自分をおとしめているのか、なぜ自分を否定し卑下してしまうのか、なぜ自分が自分を無価値化してしまうのかを掘り下げていく必要があるのです。

その方法を次に紹介します。

自分の感情を言語化してみよう

私はこれまで書いた自著の中でも「言語化」を強く勧めてきました。

その理由として、言語化することで脳が自分の無意識を意識上に浮上させて気づきが促進され、それによって、人生にパラダイムシフトが起こりやすくなるからです。

特に、モヤモヤした思いや、なんとなくの違和感、嫌なのになぜやってしまうのか、ダメだとわかっているのになぜやめられないのか……といったときに最適です。

それらを掘り下げて言語化してみると、驚くほど自分の深層心理に気づいていきます。

まさにセルフカウンセリングです。

また、自分の深層心理的になぜこの問題を自分が選んでいるのか、その心理的利得は何か、どうして行動を制限してしまうのか、どうして自分のことをこんなに否定するのかを知ることになります。

そのポイントは「自分の脳に問いかけること」「自分に質問すること」、これだけです。

脳は質問を投げかけると、その質問に答えるために大量の情報を集めようとします。

一説によると、そのとき集めようとする情報量はA４サイズにして約30枚ほどにもなるといわれています。仮にそこまでではないにしても、脳は欠けていることや足りないことを穴埋めしようとするのです。

だから「自分に問いを持つ」ことは人生において大事です。

例えば、仕事で行き詰まったときにもこんな質問を自分に投げかけます。

・自分にとって今優先すべきことは何か
・自分にとって大事なことは何か
・大事な人は誰か
・今の自分にとって何が足りなくて何が必要なのか
・この行動はなんのためになに必要か
・最終的に得たいものは何か
・今できること、今から何をしなくてはいけないか

……など。私は常に自分に問いかける癖があります。それをGoogleのメモに書いて保存したりして、自分の頭の中を常に整理して言語化しておくことを習慣にしています。

では、具体的にどんな質問があるのかを紹介します。

・今自分は何に問題を感じているのか、どんなことに悩んでいるのか
・その問題は何が、誰が問題なのか

・その問題や人物に対して自分はどのような行動や振る舞いをしているのか
・その問題や人物に対してどんなイメージが湧くか
・どんな感覚や感情が湧いてくるか
・自分自身がこの問題や人物に対してどう関わりたいのか
・その問題を抱えることで現実的に今何に困っているのか
・その問題を抱えることでどんな嫌なことを避けられているか
・その問題を抱えることでどんな心理的な利得を持っているのか
・自分が何にこだわり、何に執着しているか
・自分が得たい感覚や感情はどんなものか
・もし解決できるとしたらどう現実が変わっているとイメージするか

自分にこのように質問してみましょう。

質問したら頭で考えるのではなく、自分の腹の底から湧き上がってくる直感的な言葉を拾っていきながら、どんどんこれを言語化して記録していきます。

そうして、書き上がったものを見て、さらに気づいたもの、湧き上がってくる感覚、イ

メージをどんどん記録していくのです。

そうすると、自分の中でモヤモヤしていたものの正体が見えてきます。

あなたもぜひやってみてください。

このようにして自分の心を心理的に分析しながら、深い気づきを得ることで、自分を見つめ直し、生き方を選択し直すことが可能になるのです。

●おわりに

心の問題解決に携わるようになってから、かれこれ20年が経ちました。

最初は自分の過去を紐解くうちに自己理解が進み、また同時に他人の心理問題の解決に携わることで、さらに心理問題の本質的な意味がだんだん鮮明になっていきました。


私自身が幼児期からの環境の中で感じ取ってきた苦しみや辛さを少しずつ解消し、総括してきた経緯から見えてきたものがあります。それは、「人は向き合うことが困難で受け入れたくないものがあるからこそ、苦しみ続ける」ということです。


人が一番感じたくなく避けたい感情、それは「恐怖」です。

死への恐怖はもちろん、人から嫌われる恐怖、孤独や孤立の恐怖、否定され排除される恐怖、恥を感じる恐怖など……。恐怖は人が最も避けたい嫌な感情です。

よく一番感じたくないものとして絶望感や孤独感も挙げられますが、人はそれらを感じるのが「恐怖」なので、様々な現実問題として形となって現れるのです。

例えば、周りにいい人・いい顔をしてしまったり、自分の本音をいえずに誰かに迎合したり、人から粗末な扱いをされても抵抗せず人を避けたり、人間関係がうまくいかず対人恐怖になったり……。恋愛も結婚生活も子育ても友人関係の問題もなんらかの「恐怖」を避けることが原因となっています。

人は「恐怖」を避けるために様々な方法で迂回しようとするのですが、結局それが人や周りとの軋轢（あつれき）やトラブルにつながって、問題となってしまいます。それは自分を傷つけないように守るための防御的な反応といってもいいでしょう。

その恐怖を感じることを避けるためによく使われる方法が「怒り」にすり替えるというものです。

例えば、人から責められたとき、落ち込むよりも先に「怒り」で反応してしまうパターンが基本になっている人もよく見かけます。まさか本人自身は「怒り」の下に「恐怖」があるなどとは気づいてはいません。

そして、この怒りの感情は自分を守るために使われます。

ただこの怒りの感情を自分自身の心の中で、きちんと消化しておかないとストレスになります。そして、そのストレスや不満や鬱屈した思いを処理できずに、他者や社会に投影してはさらに怒りを抱えて問題をますます強化していくのです。それはやがて形を変えて、他人や周りを攻撃することで解決しようとしてしまうでしょう。


恐怖と向き合う上で大事なものは「怒り」の感情なのです。


本書で取り上げたテーマ「ずるい攻撃」は、「ずるい攻撃をされる側の人」に対して書いたと思われがちですが、実は、「ずるい攻撃」はされるほうもしていることがあるという前提で書きました。

攻撃される側は、自分がひどい目に遭ってきたという自覚とともに、それを自分よりもより弱きものに対して吐き出すという攻撃の連鎖をしないよう意識することです。

また、攻撃され被害に遭うときに感じる恐怖についても深く掘り下げていくと、やはり孤立を避けたり、嫌われる恐怖や否定される恐怖を避けたりするために、相手からの攻撃をある意味「受け入れてしまう」ことが問題になります。

また、無自覚ながらも他人を攻撃する加害者側についても、「どうしてそれをしてしまうのか」を考えてほしいのです。

人は意味もなくそのような攻撃をするわけではありません。攻撃とはある意味での「防衛・防御」でもあるからです。そのような人は、自分の弱さや孤独感、寂しさに向き合うべきでしょう。

脳は無意識的にも必ず「ある目的」を果たそうとして行動を起こします。その原理からいえば、「攻撃する意味」があるはずです。

その意味は自分で考えなければなりません。

「なぜ自分はその人を攻撃したいのか」

「相手に衝撃や悲しみを与えることで自分が得ようとしている感情は何か」

この問いを自分自身にぜひ投げかけてみてください。
きっと、答えが腹の底から湧き上がってきます。

先ほども述べたように、人は自分の心の中に隠している恐怖を表に引き摺り出されないように、相手を攻撃します。

攻撃者は「弱さ」を隠すためにターゲットを定めますが、それは「自分自身の影」にほかなりません。自分を嫌うあまりに、他人に自分の弱点を投げつけては相手の中に見つけ、批判や非難をし否定することで乗り越えようとします。

しかし、それは自分自身を否定していることと同じこと。繰り返しになりますが、それでは何も解決しないのです。

ただ、この攻撃者の心理は、私も含め誰でも陥る可能性があります。ですので、この問題を「他人事」ではなく「自分事」として捉える必要があります。

つまり、自分の中の攻撃性についても意識を向けることが大事なのです。
そして、よくよく考えていただきたいのは、「攻撃者と被害者は都度入れ替わる」ということ。被害を受けた側の抑圧した怒りや恨みや憎しみは、表現されないままでいると、やがて自分にとって無害な人、優しい人、愛してくれる人、守ってくれる人、慕ってくれる人に対して、攻撃として向くようになってしまいます。

不幸にもそうして、大事な友人関係を失い、結婚・恋愛関係や親子関係が破綻するに至るというケースをたくさん見てきました。そうならないように本書を知恵として多くの方に役立ててほしいと願っています。

人生の幸せはお金や豊かな生活や環境だけではなく、やはり豊かな人間関係が創り出すものです。どんなに成功しても豊かな人間関係がなく、孤独で人が嫌いで社会と断絶して関わりを避け続けていたら、それで幸せだと言える人は少ないでしょう。

本書が人生を振り返るきっかけになり、また豊かな人間関係を通じて幸せに生きるためにこの本を活用していただけると幸いです。

最後に、本書の上梓に際し、編集者の鹿野哲平氏と青春出版社様に感謝を表します。

また、過去20年間多くの受講生との出会いによって学びを得てきたことに感謝と敬意を表し、支えてくれた日本リトリーブサイコセラピー協会関係者の皆様、心理セラピスト仲間や講師陣、そしていつも温かく見守っていただいているYouTube動画の視聴者様とブログ読者の皆様に深く謝意を表します。ありがとうございました。

大鶴和江

本文デザイン：二神さやか
DTP：野中賢・安田浩也（システムタンク）
編集協力：鹿野哲平

青春新書
INTELLIGENCE

こころ涌き立つ「知」の冒険

いまを生きる

"青春新書"は昭和三一年に——若い日に常にあなたの心の友として、その糧となり実になる多様な知恵が、生きる指標として勇気と力になり、すぐに役立つ——をモットーに創刊された。

そして昭和三八年、新しい時代の気運の中で、新書"プレイブックス"にその役目のバトンを渡した。「人生を自由自在に活動(プレイ)する」のキャッチコピーのもと——すべてのうっ積を吹きとばし、自由闊達な活動力を培養し、勇気と自信を生み出す最も楽しいシリーズ——となった。

いまや、私たちはバブル経済崩壊後の混沌とした価値観のただ中にいる。その価値観は常に未曾有の変貌を見せ、社会は少子高齢化し、地球規模の環境問題等は解決の兆しを見せない。私たちはあらゆる不安と懐疑に対峙している。

本シリーズ"青春新書インテリジェンス"はまさに、この時代の欲求によってプレイブックスから分化・刊行された。それは即ち、「心の中に自らの青春の輝きを失わない旺盛な知力、活力への欲求」に他ならない。応えるべきキャッチコピーは「こころ涌き立つ"知"の冒険」である。

予測のつかない時代にあって、一人ひとりの足元を照らし出すシリーズでありたいと願う。青春出版社は本年創業五〇周年を迎えた。これはひとえに長年に亘る多くの読者の熱いご支持の賜物である。社員一同深く感謝し、より一層世の中に希望と勇気の明るい光を放つ書籍を出版すべく、鋭意志すものである。

平成一七年

刊行者　小澤源太郎

著者紹介

大鶴和江〈おおつる かずえ〉

心理セラピスト、心理分析・心理セラピー講師。一般社団法人日本リトリーブサイコセラピー協会代表理事。幼児期の逆境体験が人生に苦しみを与えると知り、心理学や心理療法、心理分析を学び2005年に心理セラピストとして独立。延べ1万人以上の心の問題解決に携わってきた。著書に『自分を縛る“禁止令”を解く方法』(大和出版)などがある。

既読スルー、被害者ポジション、罪悪感で支配
「ずるい攻撃」をする人たち

青春新書 INTELLIGENCE

2024年4月25日　第1刷
2024年8月1日　第4刷

著者　大鶴和江

発行者　小澤源太郎

責任編集　株式会社プライム涌光
電話　編集部　03(3203)2850

発行所　東京都新宿区若松町12番1号 〒162-0056　株式会社青春出版社
電話　営業部　03(3207)1916　振替番号　00190-7-98602

印刷・中央精版印刷　製本・ナショナル製本

ISBN978-4-413-04694-7

こころ涌き立つ「知」の冒険！

青春新書 INTELLIGENCE

真相解明「本能寺の変」 光秀は「そこに」いなかったという事実	菅野俊輔	PI·626
13歳からのキリスト教	佐藤　優	PI·627
知らないと怖い がん検診の真実	中山富雄	PI·628
「給与明細」のカラクリ	梅田泰宏	PI·629
いい人間関係は「敬語のくずし方」で決まる	藤田尚弓	PI·630
常識として知っておきたい日本語ノート	齋藤　孝	PI·631
定年格差 70歳でも自分を活かせる人は何をやっているか	郡山史郎	PI·632
「ヨーロッパ王室」から見た世界史	内藤博文	PI·633
お酒の「困った」を解消する最強の飲み方	溝口　徹	PI·634
「食」の未来で何が起きているのか フードテックのすごい世界	石川伸一［監修］	PI·635
その「うつ」っぽさ 適応障害かもしれません	岩波　明	PI·636
脳の寿命を決めるグリア細胞 実は、思考・記憶・感情…を司る陰の立役者だった	岩立康男	PI·637
いま知らないと後悔する2024年の大学入試改革	石川一郎	PI·638
自己肯定感という呪縛 なぜ低いと不安になるのか	榎本博明	PI·639
孤独の飼い方 群れず、甘えず、私らしく生きる	下重暁子	PI·640
ユダヤ大富豪に伝わる最高の家庭教育	天堤太朗	PI·641
UCLAで学んだ「超高速」勉強法	児玉光雄	PI·642
世界史で深まるクラシックの名曲	内藤博文	PI·643
一瞬で心が整う「色」の心理学 色の力で、仕事・人間関係・暮らしの質を上げる	南　涼子	PI·644
70代現役！「食べ方」に秘密あり	生島ヒロシ 石原結實	PI·645
「生前贈与」のやってはいけない 知らないと損する相続の新常識	税理士法人レガシィ 天野　隆 天野大輔	PI·646
「中学英語」を学び直すイラスト教科書	晴山陽一	PI·647
「文様（もんよう）」のしきたり 暮らしを彩る日本の伝統	藤依里子	PI·648
すごいタイトル㊙法則	川上徹也	PI·649

こころ涌き立つ「知」の冒険！

青春新書
INTELLIGENCE

ファイナンシャル・ウェルビーイング	山崎俊輔	PI·674
これならわかる「カラマーゾフの兄弟」	佐藤　優	PI·675
ウクライナ戦争で激変した地政学リスク 次に来る日本のエネルギー危機	熊谷　徹	PI·676
「老年幸福学」研究が教える 60歳から幸せが続く人の共通点	前野隆司 菅原育子	PI·677
それ全部pHのせい	齋藤勝裕	PI·678
たった2分で確実に筋肉に効く 山本式「レストポーズ」筋トレ法	山本義徳	PI·679
寿司屋のかみさん 新しい味、変わらない味	佐川芳枝	PI·680
ネイティブにスッと伝わる 英語表現の言い換え700	キャサリン・A・クラフト 里中哲彦［編訳］	PI·681
定年前後のお金の選択	森田悦子	PI·682
新装版 日本人のしきたり	飯倉晴武［編著］	PI·683
新装版 たった100単語の英会話	晴山陽一	PI·684
「歴史」と「地政学」で読みとく 日本・台湾・中国の知られざる関係史	内藤博文	PI·685
組織を生き抜く極意	佐藤　優	PI·686
無器用を武器にしよう 自分を裏切らない生き方の流儀	田原総一朗	PI·687
「ひとり終活」は備えが9割 事例と解説でわかる「安心老後」の分かれ道	岡　信太郎	PI·688
生成AI時代 あなたの価値が上がる仕事	田中道昭	PI·689
【最新版】やってはいけない「実家」の相続	税理士法人レガシィ 天野　隆 天野大輔	PI·690
老後に楽しみをとっておくバカ	和田秀樹	PI·691
歴史の真相が見えてくる 旅する日本史	河合　敦	PI·692
やってはいけない「ひとりマンション」の買い方	風呂内亜矢	PI·693

※以下続刊

お願い　ページわりの関係からここでは一部の既刊本しか掲載してありません。